# Barfuß auf dem Sommerdeich

KATJA JUST

# *Barfuß*

## AUF DEM

# *Sommerdeich*

**Mein Halligleben zwischen
Ebbe und Flut**

BOOKS

# Inhaltsverzeichnis

*»Liebe ist ewige Gegenwart.«*
*Stefan Zweig*

# *Prolog*

Was ist denn an meiner Lebensgeschichte so spannend, dass ich darüber ein ganzes Buch schreiben könnte? Geboren wurde ich in München, meine Kinder- und Jugendjahre verbrachte ich in einer modernen Reihenhaussiedlung in einem idyllischen Münchner Vorort. Heute lebe ich auf Hallig Hooge in einer denkmalgeschützten, über dreihundert Jahre alten Reetdachkate.

Ja und? Andere wurden in Berlin-Mitte geboren und leben heute in Prien am Chiemsee und schreiben darüber auch kein Buch. Okay, es war ein großer Schritt, als ich mit gerade 25 Jahren der Millionenstadt München den Rücken kehrte und auf die knapp sechs Quadratkilometer große Hallig zog. Manch einer sagte: »Noch so jung und dann allein auf ein Eiland mit gerade mal hundert Einwohnern?« Oder hinter vorgehaltener Hand: »Mit 25, im besten Alter, von München weg? Die tickt wohl nicht ganz richtig.« So oder so, die meisten hielten mich für verrückt.

Hallig Hooge habe ich in den Sommerurlauben mit meiner Familie kennengelernt. Bei meinem ersten Besuch war ich sechs oder sieben. Wie alle kleinen Mädchen fand ich Urlaub auf dem Bauernhof toll. Kälber streicheln und füttern, ausreiten, unzählige Vögel beim Fliegen und Brüten beobachten, beim Angeln dabei sein. Quer auf den Straßen Rollschuh laufen und dabei den Wind in der über den Kopf gehaltenen Jacke als Antrieb nutzen und in der schönsten Sonntagshose auf dem Nachbarhof im Misthaufen versinken – wenngleich Letzteres ungeplant.

Obwohl ich nach dieser spaßigen Zeit in meinen Kindertagen mehrere Jahre nicht mehr auf Hooge war, nahm diese Hallig ihren festen Platz in meinem Herzen und in meinen Träumen ein. Schon als Kind wusste ich: *Irgendwann ziehst du da mal hin!* Die Gedanken an Hooge brachten immer das Gefühl von Freiheit, Leichtigkeit und Sehnsucht nach unendlicher Weite mit sich.

Viele Jahre später kam ich erneut nach Hooge, denn inzwischen hatten meine Mutter und ihr zweiter Ehemann dort ein Haus gekauft. Wann immer es meine Zeit zuließ, besuchte ich sie und lernte nun die Hallig von einer anderen Seite kennen. München war mein Lebensmittelpunkt, die Hallig blieb mein Sehnsuchtsort. Aber dort leben? Auf einem Eiland ganz oben im Norden, mitten in der Nordsee? Wie es zu dieser Entscheidung kam und wie ich mein Leben hier lebe, davon möchte ich erzählen. Ein Leben, das nicht durch den starren Zeitplan eines durchgetakteten Alltags bestimmt wird, sondern durch den Rhythmus von Ebbe und Flut. Ein Leben, das einen eigenen Herzschlag hat.

Oft werde ich gefragt: »Was macht man eigentlich so auf einer Hallig?« – »Was ist der Unterschied zwischen dem Leben auf einer Hallig und auf dem Festland?« – »Ab wann zählt man dazu und darf sich selbst als Hooger bezeichnen?« Ich werde versuchen, diese und ähnliche Fragen zu beantworten.

Wer allerdings darauf hofft, dass ich in diesem Buch Geheimnisse des Halliglebens ausplaudere oder in die Intimsphäre anderer eindringe, der sollte erst gar nicht anfangen zu lesen. Hier geht es ausschließlich um meine persönliche Geschichte, den Weg, den ich als 25-Jährige begonnen habe und auf den ich heute als 42-Jährige zurückblicke. Wer dieses Buch liest, wird einen Einblick in mein Leben auf Hooge bekommen und mich eine Zeit lang auf meinem Weg begleiten.

Fühlen Sie sich herzlich eingeladen nach Hallig Hooge, in mein Haus am Landsende.

# Eine Oase im rauen Meer

Es war im August 1995, als meine Mutter anrief und sagte: »Wir können das Haus kaufen, in dem wir gerade unseren Urlaub verbringen! Was hältst du davon?«

»Na, das ist ja mal ein nettes Souvenir, das ihr aus eurem Urlaub mitbringen wollt. Ist mal was anderes«, sagte ich überrascht. »Soll das ein Scherz sein?«

Nein, es war kein Scherz!

Meine Eltern, damit meine ich meine Mutter und meinen Stiefvater, waren mal wieder auf Hooge zu Gast und wohnten diesmal in einem Haus auf der Ockenswarft, das sie ein Jahr zuvor bei einer ihrer Spaziergänge entdeckt hatten. Ein kleines Reetdachhaus, über dreihundert Jahre alt, mit einem großen, wilden Garten und einer Ferienwohnung. Die Ockenswarft liegt im Osten der Hallig, fernab vom Trubel, den es durchaus auf einer Hallig geben kann, zumindest während der Sommermonate. Eine Warft ist ein künstlich aufgeworfener Erdhügel, überwiegend aus Kleiboden, der wie ein runder Siedlungshügel wirkt, je nachdem, wie viele Häuser auf diesem rund sechs

Meter hohen Hügel stehen. Die Ockenswarft zählt mit rund zehn Gebäuden zu den größeren der zehn bewohnten Warften auf Hooge.

Meine Eltern waren gerade eine Woche auf Hooge, als die Vermieterin darum bat, mit einem Makler durch die Ferienwohnung gehen zu dürfen. Sie müsse das Haus verkaufen und daher solle ein Gutachten erstellt werden. Damit war es vorbei mit einem ruhigen und entspannenden Urlaub, denn meine Eltern hatten sich in das Haus verliebt und erwogen nun, dieses Kleinod selbst zu erwerben. Eine Entscheidung, die ihr Leben von jetzt auf gleich auf den Kopf stellen könnte.

Tatsächlich haben meine Mutter und mein Stiefvater Nägel mit Köpfen gemacht. Sie hatte bereits aufgehört zu arbeiten, er nahm kurzerhand das Angebot seines Arbeitgebers an, in den Vorruhestand zu gehen. Der Verkauf des Hauses in München wurde eingeleitet und der Umzug auf die Hallig für Anfang Januar organisiert. Für beide war es nicht der erste Umzug, daher dachte keiner daran, dass dieser Umzug anders als die anderen werden würde. Auch gab es schon Umzüge in der Winterzeit. Aber ein Umzug auf eine Hallig im Winter – dabei werden Festländler direkt auf die erste Probe gestellt. Die Fähre zwischen Hooge und dem Festlandhafen Schlüttsiel transportiert alles, was zwischen Festland und Hallig hin und her muss: Waren, Güter, zwei- und vierbeinige Pensionsgäste und – wie in unserem Fall – ganze Haushalte.

Windvorhersage, Gezeitenkalender, Anlegerbrücken – was für eine Rolle spielt es denn, wenn der Wind aus Osten bläst und der Wasserstand gerade ablaufendes Wasser anzeigt? Das beeinflusst einen gestandenen Umzugstrupp aus München doch nicht! Dass Wind und Wasser aber durchaus das letzte Wort haben, bekamen die Umzugshelfer auf der Fähre zu spüren. Die Fahrt war fast geschafft, der Lkw auf der Fähre abgestellt und die erste Runde wärmenden Teepunschs bestellt. Die 75 Minuten Überfahrt waren eine willkommene Pause. Alle hatten es sich gerade gemütlich gemacht, als der Kapitän an den Tisch trat.

»Wir haben zu wenig Wasser unterm Kiel! Das heißt, dass der Lkw auf der Hallig nicht von der Fähre runterfahren kann, da die Neigung der Brücke zu steil sein wird. Ihr müsst umladen.«

Das war's mit der ersehnten Pause, denn allen war sofort klar, was das bedeutete. Eine knappe Stunde war nun Zeit, um die Kartons und Möbel auf die von der Fähre mitgeführten Rollwagen umzupacken. Ein Kraftakt! Erschöpft und hungrig packte der Trupp noch einmal an und schaffte Stück für Stück aus dem Lkw auf die Anhänger. Ins Schwitzen kam trotz des Zeitdrucks niemand, denn bei dem hier üblichen eisigen Ostwind ist das schier unmöglich.

Auf Hooge angekommen, nahmen mein Stiefvater und ich die müden Umzugshelfer und die voll beladenen Rollwagen in Empfang. Wir beide waren gemeinsam mit meinem Onkel eine Woche früher angereist, um die Vorbereitungen zu erledigen. Schlaf- und auch Stellplätze mussten geschaffen werden. Am Anleger kam uns ein Halligbewohner mit seinem Traktor zu Hilfe. Er fuhr nacheinander die drei voll beladenen Rollwagen zur Ockenswarft. Auf dem Weg vorbei an den beiden ersten Warften saß ich hoch oben auf dem Wagen und versuchte Kartons, Wohnzimmerlampe, Sofa und Gummibaum gleichzeitig festzuhalten. Bis dahin hatte ich keine Vorstellung davon, wie lang die Strecke vom Anleger bis zur Ockenswarft sein kann.

Fuhren wir mit dem Auto sonst nur ein paar Minuten, dauerte es diesmal eine gefühlte Ewigkeit. Ich dachte die ganze Zeit *Hoffentlich sieht das keiner*, aber diesen Satz kann man getrost aus seinem Wortschatz streichen, wenn man auf eine Hallig zieht. Auf halber Strecke fiel der Küchenschrank vom Anhänger, denn der Wind war nicht nur eisig, sondern blies mit Stärke sechs aus Ost. Selbst wenn das Möbelstück für mich in Reichweite gewesen wäre, hätte ich mich wahrscheinlich nur in Zeitlupe bewegen können, so steif waren meine Glieder inzwischen gefroren. Ich machte mich also lautstark bemerkbar und bedeutete dem hilfsbereiten Traktorfahrer, anzuhalten. Der Küchenschrank wurde ein weiteres Mal hochgehievt und weiter ging die abenteuerliche Fahrt. Inzwischen war es dunkel geworden und dunkel heißt im Winter auf der Hallig sehr dunkel! Straßenlaternen gibt es nicht und wenn der Mond nicht scheint, sieht man manchmal die Hand vor Augen nicht. Da aber die Fracht ungeschützt auf den Anhängern lag, musste alles noch ins Haus geschafft werden, egal, wie müde und durchgefroren wir waren. Irgendwann spät in der Nacht sagten meine Eltern endlich: »Willkommen im Haus am Landsende.« Das war im Januar 1996.

Es sollte noch vier Jahre dauern, bis auch ich meinen ersten Wohnsitz auf der Hallig anmelden würde. Bis dahin war ich so oft wie möglich bei meinen Eltern zu Besuch. Manchmal flog ich für ein verlängertes Wochenende, manchmal fuhr ich die Strecke mit dem Auto, gemeinsam mit einer Freundin, und wenn ich es richtig genießen wollte, fuhr ich mit dem Motorrad.

In diesen vier Jahren habe ich miterlebt, wie sich das neue Zuhause meiner Eltern zu einem Kleinod entwickelte. Den wilden Garten verwandelte meine Mutter mit Hingabe in ein blühendes Idyll, dem ein Klostergarten als Vorlage diente. Buchsbäume umranden die insgesamt fünf Beete, die jeweils mit rot, gelb, weiß oder blau blühenden Pflanzen bestückt sind. In der Mitte steht eine Stammrose und irgendwas blüht immer. So ist über die Jahre eine richtige kleine Oase entstanden. Eine Oase, in der sich auch Gäste des Hauses gern aufhalten, wenn sie ihren Urlaub in einer der beiden Ferienwohnungen verbringen, die im ersten Stock ausgebaut wurden. »Die Grüne« gab es schon. Sie wurde allerdings völlig neu eingerichtet und dekoriert. Diese Wohnung ist die größere, hier können bis zu vier Personen wohnen. Sie ist in einem warmen Grün gehalten, die Decke ist nicht ganz so hoch, alte Holzbalken sind zu sehen, was dieser Wohnung etwas Heimeliges und Kuscheliges gibt. Vor allem in den Wintermonaten. »Die Blaue« haben meine Eltern zwei Jahre nach ihrem Einzug ausgebaut und angelehnt an den Gustavianischen Stil, also mit schwedischer Herzlichkeit und kühlen Farben, eingerichtet. Auch hier gibt es zwei Alkoven, die zwei Personen Platz bieten. Gäste fragen mich häufig, ob man denn in so einem Wandschrank auch zu zweit schlafen könnte.

»Das kommt ganz darauf an, wie gern Sie sich haben«, ist meine Antwort. Selten liegt man wie ein Streichholz in der Schachtel, daher sind zwei Meter Länge und ein Meter Breite eigentlich ausreichend. Sogar sehr große Gäste geben mir als Rückmeldung, dass sie die Alkoven sehr gemütlich finden. Ich liebe es, im Alkoven zu schlafen, und raumsparend sind sie auch. So haben meine Eltern nicht nur für sich ein neues Zuhause geschaffen, sondern auch einen Ort, an dem sich Urlaubsgäste wie zu Hause fühlen.

## KAPITEL 2

# Der perfekte Plan und was dann kam

Geplant war es ganz anders. Es war der berühmte »perfekte Plan«, den wir gemeinsam entwickelt hatten. Mein Partner sprach von Heirat und von Kindern und einem schönen Reihenhaus mit Garten im Münchner Hinterland.

Ich bin in Ismaning, einem Vorort von München, groß geworden und habe die ersten 25 Jahre meines Lebens dort verbracht. Es war großartig, dort aufzuwachsen. Ländlich, familiär und behütet. In dem damals kleinen Ort kannte man sich. In der Reihenhaussiedlung, in der ich aufwuchs, waren wir Kinder eine feste Clique. Wir heckten regelmäßig Pläne aus und erlebten so einige Abenteuer. Unser »Revier« war riesig, die Freiheit schien grenzenlos. Wir waren viel draußen, bauten Buden und »backten« Sandkuchen, die wir selbstverständlich ausgiebig probierten. Während der Zeit in der Grundschule waren wir noch eng zusammen, danach gingen wir auf unterschiedliche Schulen und die Interessen verschoben sich. Aus den Augen verloren haben wir uns bis heute nicht, aber wir gingen sehr unterschiedliche Wege.

Der meine führte mich zur Lufthansa, bei der ich eine kaufmännische Ausbildung absolvierte und auch im Anschluss übernommen wurde. Ich wechselte von der Konzernmutter zur Lufthansa Technik, direkt am Münchner Flughafen. Dort lernte ich auch meinen Partner kennen. Er war der Computerfachmann und musste bei uns in der Abteilung Probleme beheben. Er sah an meinem Kleiderständer eine Motorradkombi hängen und wollte wissen, ob das meine sei. Ja, es war meine, denn ich fuhr täglich mit dem Motorrad zur Arbeit, und so kamen wir ins Gespräch und sehr schnell auch zur ersten gemeinsamen Ausfahrt, denn er war selbst Motorradfahrer. Das war unsere größte gemeinsame Leidenschaft, ebenso wie das Bergwandern. Die Liebe zur Natur war auf beiden Seiten gegeben.

Ich war Anfang zwanzig, als mein Partner von Heirat und Kindern sprach. Ismaning war inzwischen nicht mehr das Dorf, in dem ich groß geworden war. Es war gewachsen, wurde modern und ein beliebter Wohnort für Menschen, die den Vorteil der stetig wachsenden Infrastruktur rund um München früh erkannten. Der dörfliche Charakter ging verloren, was mich traurig machte, auch wenn ich den wirtschaftlichen Aufschwung erkennen und verstehen konnte, der diesen kleinen Ort langsam zu einem exklusiven Vorort von München werden ließ. Das Bild, das sich Ende der Neunzigerjahre entwickelt hatte, hatte nicht mehr viel mit meinen Kindertagen gemein. Der Nachwuchs ging nicht mehr bei Wind und Wetter in Gruppen von mindestens drei, vier Kindern zur Schule, sondern wurde einzeln mit dem Auto bis vor das Schultor gefahren. Das waren keine Kadetts, Käfer oder R4s mehr, sondern riesige Familienkutschen. Natürlich wurden die Kinder auch wieder abgeholt, denn die Nachmittage waren mit Zusatzkursen, Vereinsbesuchen oder

Theaterproben stramm durchgetaktet. Klar, wir waren damals auch im Sportverein oder hatten Musikunterricht, aber die Zeit, die wir gemeinsam draußen verbracht haben, überwog deutlich. All das war präsent, als mich mein Partner mit seinem Kinderwunsch konfrontierte. Diesem Wunsch gegenüber standen meine Erinnerungen, die ja gerade erst ein paar Jahre alt waren. Das verunsicherte mich. Nicht weil ich Angst vor Entwicklung oder Fortschritt habe, beides ist wichtig und ist gerade für die nachfolgende Generation existenziell. Aber die Abenteuerlust und das Freiheitsgefühl, die wir als Kinder im Münchner Vorland ausleben konnten, waren schon damals in den Städten kaum mehr möglich. Für mich war klar, wenn ich Kinder haben würde, dann sollten sie Abenteuer in der freien Natur erleben können, ohne dass ich ständig Sorgen um sie haben müsste. Ich wollte keine Kinder im Münchner Umland großziehen und so sagte ich unmissverständlich: »Wenn Kinder, dann nur auf Hooge!«

Auf der Hallig können Kinder noch Natur zum Anfassen erleben und ein großes Maß an Freiheit genießen. Zwar ist die Infrastruktur dort ausbaufähig und die Chance auf gute Verdienstmöglichkeiten begrenzt, aber es kann sich noch vieles entwickeln und ausgebaut werden. Das Gefühl von Abenteuerlust, das wir in Kindertagen erleben durften, ist ein Gut, welches sich nicht produzieren und entwickeln lässt. Außerdem ist es unbezahlbar! Wenn ich es damals nicht erfahren hätte, wüsste ich heute nicht, was das ist. Man kann das nicht nachholen, man muss es leben! Genau das wollte ich meinen Kindern bieten und mein Partner konnte das nachvollziehen.

Er hatte sich gerade erst in der IT-Branche selbstständig gemacht und brachte daher ideale Voraussetzungen mit, um *der* Computer- und Internetfachmann im hohen Norden zu werden. Ich hätte in den kleinen Vermietungsbetrieb meiner Eltern einsteigen können, um ihn langfristig zu übernehmen. In dieses Konstrukt hätten Kinder sehr gut gepasst. Eine wunderbare Umgebung, Weite bis zum nicht enden wollenden Horizont, Kühe, Kälber, Pferde, Schafe, Vögel, eigene Hunde und die Familie drum herum. Alles »Böse«, all die Hektik und der Trubel, die das Leben in großen Gemeinden oder Städten mit sich bringen können, würden auf dem Festland bleiben. Aber natürlich auch das Gewohnte, die Hobbys, die Freunde und in diesem Fall auch die Familie meines Partners. Die Zelte in München abzureißen und den Lebensmittelpunkt auf eine kleine Hallig mitten in der Nordsee zu verlegen, wäre ein großer Schritt. Für ihn war er letztlich größer als für mich, Sorgen und Zweifel breiteten sich bei ihm aus. Wir diskutierten, fingen an zu streiten, der gemeinsame Traum verlor seine Leichtigkeit.

Im Oktober 2000 bin ich schließlich allein nach Hallig Hooge gezogen, denn plötzlich war alles anders und ging ganz schnell: Den Job, den ich immer geliebt habe, gekündigt, mein Motorrad mit Tränen in den Augen verkauft, meine Habseligkeiten in einem kleinen Transporter verstaut. Der Partner, mit dem ich eine Familie haben wollte, nicht mehr an meiner Seite.

In Begleitung von Anne und Lutz, meinen zwei besten Freunden, die mir bei meinem Aufbruch mit Rat und Tat zur Seite standen, machte ich mich nachts auf den Weg Richtung Norden. Es war eine windige, regnerische Nacht, aber bei uns im Wagen spürten wir drei Vertrautheit und Geborgenheit. Anne und ich gaben unsere Kindheitserlebnisse zum Besten, denn wir kennen uns seit unserem dritten Lebensjahr. Lutz und ich schwelgten in Erinnerungen an unsere gemeinsame Zeit bei der Lufthansa. Zwischendurch vergaßen wir den Grund unserer Reise und lachten und waren regelrecht ausgelassen. Mit diesen beiden an meiner Seite konnte ich die Ungewissheit, die tief in meinem Inneren rumorte, vergessen. Selbst der Regen, der unablässig auf die Frontscheibe prasselte, konnte uns die Stimmung nicht vermiesen.

Um zehn Uhr legte von Schlüttsiel die Fähre ab, die uns auf das kleine Eiland brachte. Noch fühlte es sich wie immer an, wenn ich zu Besuch auf die Hallig kam, auf der gerade mal um die hundert Menschen wohnen. Ankommen, ausladen, essen. Meine Mutter verwöhnte uns und wir bekamen das beste Essen, das man nach einer durchgemachten Nacht bekommen kann: eine heiße, selbst gemachte Gemüsesuppe. Das weckt die geschundenen Lebensgeister. Lutz war das erste Mal auf Hooge und lernte jetzt erst meine Eltern kennen. Und wer zum ersten Mal auf einer Nordseehallig oder -insel ist, muss natürlich auch eine von den vielen Spezialitäten aufgetischt bekommen. So kam er auch noch in den Genuss eines frisch zubereiteten Krabbenbrotes. Das Höchste für Krabbenliebhaber! Und frischer als hier, mitten in der Nordsee, bekommt man sie nirgends.

Inzwischen hatte sich die Sonne durchgesetzt und die Wolkendecke war verschwunden. Um unsere Knochen wieder geradezurücken, machten wir einen Spaziergang zum Deich. Mit dabei mein Hund Chico, der seit drei Monaten ein festes Familienmitglied war. Ich hatte ihn das letzte Mal im August gesehen, als meine Mutter und ich ihn während meines letzten Urlaubs gemeinsam nach Hooge geholt hatten. Die Freude des Wiedersehens war auf beiden Seiten riesig. Lutz und Chico spielten ununterbrochen mit einem dicken Tau, Anne und ich genossen den Blick auf das Meer und die unendliche Weite, die bei mir langsam Ruhe einkehren ließ. Eine tiefe Ruhe, die sich an der frischen Luft und nach dem guten Essen zu einer wohligen Müdigkeit entwickelte. Die vergangene Nacht steckte uns immer noch in den Knochen und so gingen wir nach dem ausgiebigen Spaziergang direkt in meine neue Wohnung.

Ich hatte für meinen Neustart auf der Hallig eine Zweizimmerwohnung in der direkten Nachbarschaft angemietet. Die im ersten Stock liegende Wohnung bot einen herrlichen Ausblick über das Halligland. Da ich diese aber erst noch renovieren musste, stand noch nichts an seinem Platz. Wir richteten uns also nur ein notdürftiges Matratzenlager im zukünftigen Schlafzimmer ein. Kissen und Decken waren ausreichend vorhanden und mehr brauchten wir nicht. Es dauerte auch gar nicht lange, bis wir alle drei fest schliefen.

Ein Fenster blieb über Nacht offen stehen. Als ich wach wurde und Richtung Bad ging, sah ich, dass wir Besuch von einem kleinen »König« hatten. Ein Zaunkönig flog durch mein Wohnzimmer. Er wirkte überhaupt nicht aufgeregt und ließ sich leicht nach draußen leiten. Ein »König« zu Gast in meiner Wohnung – das nahm ich als Zeichen dafür, dass ich alles richtig gemacht hatte. Er machte mir Mut und gab mir Zuversicht.

Am nächsten Morgen um acht Uhr verließen wir drei die Hallig mit der Fähre und fuhren erneut die rund eintausend Kilometer nach Ismaning. Die letzten Kleinigkeiten mussten noch erledigt und Verabschiedungen vollzogen werden. Manche sogar für immer. Zwei Tage später fuhr ich die Strecke wieder. Diesmal allein. Während der Fahrt hörte ich von Nenas *Irgendwie, irgendwo, irgendwann* bis hin zu Bon Jovis *It's my life* alles, was das Radio hergab. Und treffender hätte ich meine Gefühle selbst nicht beschreiben können. Ich war mir nicht wirklich im

Klaren darüber, ob es mehr eine Fahrt mit einem nicht vollendeten Abschluss oder eher eine Fahrt in einen Neubeginn war. Ich wusste nicht, ob mir nach Weinen oder Lachen war. Meine Gefühle fuhren Achterbahn. Ich ließ so vieles zurück. War meine Entscheidung richtig oder unvernünftig? Was war aus meinem beziehungsweise unserem perfekten Plan geworden? Was aus meinen Träumen? Was sollte aus meinen Freundschaften werden, würden sie die Entfernung aushalten? Die Menschen, die ich am liebsten um mich hatte, waren nun fast tausend Kilometer weit entfernt. Menschen, die mir zum Abschied sagten, wie sehr sie mich vermissen würden. Und ich wusste nicht, wie mein Plan jetzt aussehen würde. Ich hatte gar keinen.

Eines war mir allerdings klar. Es war ein Abschied von meinen vergangenen 25 Jahren, meiner Kindheit, meiner Heimat, von einem vermeintlich perfekten Plan und von vielem mehr. Und sicher war auch, dass dies der Beginn eines neuen Lebensabschnitts war. Ich zog auf die Hallig Hooge und legte damit den Grundstein für ein neues Leben mit vielen Kapiteln.

# KAPITEL 3
## *Die Hallig – nur ein Haufen Schlick?*

Wenn ich erzähle, dass ich auf Hooge lebe und arbeite, höre ich oft: »Du lebst auf einer Hallig? Was macht ihr denn da den ganzen Tag? Da ist doch nichts los!« Diese und ähnliche Reaktionen kommen in erster Linie von Menschen, die keine Ahnung von einer Hallig haben. Weder wissen diese Leute, wo die Halligen liegen, noch was sie sind, geschweige denn was man dort machen kann. Der eine oder andere erinnert sich vielleicht noch daran, dass das Thema Halligen früher einmal im Erdkundeunterricht durchgenommen wurde.

»Das sind so Schlickhaufen, ne?«

»Sind das nicht diese kleinen Inseln da oben bei Sylt?!«

Falsch! Halligen sind keine Inseln! Und die Nachbarinsel heißt auch nicht Sylt, sondern Pellworm. Oder Amrum. Oder auch Föhr. Sylt ist zwar geografisch nicht weit entfernt, aber in Sichtweite liegt diese Insel nicht.

Der offensichtlichste Unterschied zu einer Insel liegt darin, dass Halligen mehrmals im Jahr überflutet werden. Wie oft das passiert, hängt zum einen damit zusammen, ob eine Hallig einen sogenannten Sommerdeich hat, und zum anderen, wie stark und ausdauernd der »Blanke Hans« ist. So wird die Nordsee betitelt, wenn sie tobt und stürmt und ein Landunter die Folge ist. Dann ist die Hallig blank und nur noch die Warften gucken aus dem Wasser. Jede für sich, wie eine Arche. Hooge ist die einzige der zehn Halligen, die seit 1914 einen geschlossenen Sommerdeich hat. Dieser flache Deich heißt so, weil er die kleineren Hochwasser während der Sommermonate abhalten soll, auf das Land zu kommen. Dies dient zum Schutz der landwirtschaftlich genutzten Flächen. Die Fluten im Winter gehen bei den entsprechenden Windverhältnissen über diesen Deich hinweg. Diese Steinkanten sind durch mühevolle Handarbeit der Deicharbeiter auf den Halligen errichtet worden. Gäbe es diese nicht, hätten wir wesentlich öfter nasse Füße. So sprechen wir auf Hooge nur noch von drei bis fünf Landuntern in der Herbst- und Winterzeit und äußerst selten von einem Landunter in den Sommermonaten. Mal sind es mehr, mal weniger, mal geht es schon im Spätsommer los – die Natur hält sich nicht an statistische Vorgaben.

Weitere Unterschiede liegen tiefer vergraben und werden immer noch viel diskutiert, von Gelehrten genauso wie von Laien. Halligen haben kein Grundwasser, sagt man zum Beispiel. Oder auch: Inseln haben einen Festlandsockel, Halligen nicht. Halligen sind im Laufe der Jahrhunderte gewachsen. Sie sind keine Überreste einer früheren Küstenregion, wobei das nicht auf die Hallig Nordstrandischmoor zutrifft. Diese kleine und jüngste Hallig ist tatsächlich zusammen mit der Halbinsel Nordstrand und der Insel Pellworm das Überbleibsel der untergegangenen Insel Strand. Diese verschwand 1634 bei der sogenannten »Burchardiflut«, die auch als »Zweite Grote Maandränke« bekannt ist, von der Landkarte.

26

Man spricht also von kleinen Eilanden oder auch Marsch-inseln, die mehr oder weniger regelmäßig überflutet werden, da sie nur rund einen Meter über dem Meeresspiegel liegen. Dann sprechen wir von einem Landunter. Das macht sie einzigartig und darum sind die Häuser auf den Halligen auf Warften er-richtet. Auf Hooge gibt es zehn bewohnte und eine unbewohnte Warft, die Pohnswarft. Sie wurde 1825 in einer heftigen Sturm-flut, sie ist als die »Februarflut« bekannt, so stark zerstört, dass sie seither nicht mehr bewohnt wird. Keine andere Flut hat solch eine Zerstörung gebracht, selbst die Sturmfluten von 1962 und 1976 verliefen vergleichsweise glimpflich.

Die Halligen liegen mitten im Schleswig-Holsteinischen Wattenmeer, einem der wenigen Wildnisgebiete, von dem man heute noch sagt, dass es eine europäische Urlandschaft sei. Auch von der Hochregion der Alpen sagt man das übrigens. Ich bin sozusagen von einer Urlandschaft in die andere gezogen und muss sagen, dass ich beide liebe und keine missen möchte. Das Wattenmeer ist eines der vogelreichsten Gebiete Europas, Millionen von Wat- und Wasservögeln machen hier Rast. Seit 1985 ist dieses Gebiet als Nationalpark ausgewiesen. Nicht nur der Meeresboden, der bei Ebbe bewandert werden kann, hält jede Menge Attraktionen bereit, sondern auch auf den Salzwie-sen ist immer etwas los. Es gibt keinen Tag, an dem man nicht irgendetwas Besonderes sehen oder beobachten kann.

In Gebieten, in denen das Zusammenleben von Natur und Menschen beispielhaft entwickelt und erprobt wird, ist es das oberste Ziel, Kultur- und Naturlandschaften zu schützen. Es sind Modellregionen, die als sogenannte Biosphärenreserva-te durch die UNESCO ausgezeichnet werden. In Deutschland gibt es heute 15 Biosphärenreservate, das nördlichste heißt

»Schleswig-Holsteinisches Wattenmeer und Halligen«. Seit 2005 gehören die Halligen dazu. Der Wunsch wurde ursprünglich von einer Gruppe von vier Personen auf Hooge geboren und als Antrag an die damalige Gemeindevertretung eingereicht. Diese hat nach relativ kurzer Diskussion zugestimmt und auch die Nachbarhalligen überzeugen können. Eine dieser vier Personen war ich.

Hallig Hooge und die anderen acht beziehungsweise neun Halligen haben eine beachtenswerte Entstehungsgeschichte, die sie damit einmalig auf der Welt machen. Sie liegen mitten im Meer, sind umgeben von einem Nationalpark und Bestandteil einer Biosphärenregion – da soll noch einmal jemand sagen, hier sei nichts los! Hier ist immer etwas los, man muss es nur sehen können. Es sollen einmal über hundert Halligen gewesen sein. Die verbliebenen, die es heute noch gibt, heißen: Südfall, Süderoog, Norderoog, Habel, Oland, Gröde, Nordstrandischmoor, Hooge und Langeneß. Die Hamburger Hallig hat seit 1875 einen Damm, der das Eiland mit dem Festland verbindet und über den sogar Autos fahren können, daher ist sie nur noch *eigentlich* die zehnte Hallig.

Hooge gilt gemeinhin auch als die »Königin der Halligen«. Heute weiß keiner mehr so genau, wie sie zu dieser Ehre kam. Natürlich ist man schon ein wenig stolz, wenn so von seinem Zuhause oder gar seiner Heimat gesprochen wird, aber ist das auch so? Steht Hooge über den anderen Halligen? Ich würde sagen, dass das nicht so ist. Es gibt keinen Grund, warum Hooge die Königin sein soll. Mit ihren 560 Hektar ist Hooge die zweitgrößte Hallig, demnach müsste Langeneß ja die Kaiserin sein und Nordstrandischmoor die Prinzessin. Das wäre bestimmt keine sonderlich erfolgversprechende Marketingstrategie. Heute spricht man eher von der Einzigartigkeit der Halligen und der individuellen Stärke jeder einzelnen. Das finde ich angemessener. Dennoch gibt es auf Hooge tatsächlich königliche und sogar kaiserliche Spuren. Bis 1864 gehörte Hooge staatsrechtlich zu Dänemark. Nach einer schweren Sturmflut machte sich der damalige dänische König Frederik VI. auf eine Inspektionsreise. Er wollte sich persönlich ein Bild von den Schäden machen, die in seinem Land durch das Unwetter verursacht worden waren. Kaum war der König auf Hooge angekommen, änderte sich die Wetterlage und er konnte die Hallig nicht mehr verlassen. So übernachtete er in dem damals wohl schönsten Haus auf der Hallig, einem Kapitänshaus aus dem 17. Jahrhundert. Dieses Haus, das seitdem standesgemäß »Königspesel« genannt wird, ist heute ein kleines, familiengeführtes Museum, das ein eindrucksvolles Beispiel friesischer Wohnkultur wiedergibt. In diesem Fall wird das gesamte Haus als Pesel bezeichnet, eigentlich bezieht sich dieser friesische Begriff aber nur auf eine Stube in einem Wohngebäude. Der Pesel ist die »Gute Stube«, in der Gäste empfangen wurden. Heute würden wir das mit dem Salon gleichsetzen.

Nicht so leicht nachzuvollziehen sind die Spuren, die unsere letzte deutsche Kaiserin indirekt auf Hooge hinterließ. Kaiserin Auguste Viktoria engagierte sich herausragend für den evangelischen Kirchenbau und sie war ihrer schleswigholsteinischen Heimat immer stark verbunden. Es heißt, sie habe ihre Finger bei der Planung und/oder Finanzierung des Hooger Pastorats im Jahre 1907 im Spiel gehabt. Fundierte Quellen gibt es dazu leider nicht, aber wenn man sich das stattliche und für eine Hallig untypische Gebäude auf der Kirchwarft anguckt und die Leidenschaft der Kaiserin bedenkt, fällt es leicht, die Geschichte zu glauben.

Auch Künstler haben Hooge für sich entdeckt. Teils aufgrund von Auftragsarbeiten, teils aus der Leidenschaft für außergewöhnliche Landschaften heraus. Um noch kurz auf der Kirchwarft zu bleiben, spreche ich die Kanzel unserer kleinen Halligkirche aus dem Jahr 1641 an, die aus der Werkstatt des Flensburger Meisters Heinrich Ringeling stammt. Ein Künstler aus der heutigen Zeit hat schon jetzt seine Spuren im wahrsten Sinne des Wortes in Stein gemeißelt. Einzigartige Grabsteine von Uli Lindow sind auf dem Friedhof zu sehen. Gehen wir rund zweihundert Jahre zurück, treffen wir auf den Halligmaler Jacob Alberts, der vor allem während der Sommermonate auf Hooge lebte. Interessant finde ich, dass Jacob Alberts während seiner Lehrzeit auch einige Jahre in München sesshaft war. Auch früher hat man also schon den Weg von München auf die Hallig gefunden. Nikolaus Soltau und Peter Lübbers werden auch oft im gleichen Atemzug genannt, wenn man von Hooges Künstlern spricht. Wem diese Namen nichts sagen, der kennt aber sicherlich diesen: Emil Nolde. Er gehört zu den wichtigsten Expressionisten Europas und auch er ließ sich von der einzigartigen Landschaft der Halligen fesseln. Während seiner Aufenthalte auf Hooge gab er der eigentümlichen Halligwelt eigene Farben und ihren eigenen Charakter und regt somit auch heute noch die Fantasie des Betrachters seiner Bilder an. Genauso wie es Theodor Storm in seiner Novelle *Eine Halligfahrt* macht. Die geistige Freiheit des Dichters ist ebenso grenzenlos wie die kreative Freiheit eines Malers und dass er ein scharfes Auge für die Welt der Halligen hatte, beweist Theodor Storm, wenn er von den Halligen als »schwimmende Träume« schwärmt.

Fünf der weltweit einzigartigen zehn Halligen sind bewohnt und fast alle können von Urlaubern besucht werden, wenn auch nicht immer ganzjährig und auch nicht alle mit Übernachtung. Jede Hallig ist anders, auf jeder gibt es etwas anderes zu entdecken und zu erleben. Die Besonderheiten der Halligen sind aber nicht nur in Fauna und Flora zu sehen, sondern auch in ihrer Entstehungsgeschichte. Es sind nicht nur im Laufe der Jahrhunderte durch Ablagerung verschiedener Sedimente entstandene Anhäufungen. Wir leben hier nicht nur auf durch Menschenhand aufgeworfenen Erdhügeln, den Warften. Halligen sind mehr! Hier ist man dem Himmel ein Stück näher. Hier hat der Horizont kein Ende. Hier erlebt man »schwimmende Träume« – mehr Sehnsucht geht nicht! Eine Sehnsucht, die hier ausgefüllt, er- und auch gelebt werden kann.

Menschen die hier Urlaub machen, genießen die Ruhe und die Weite. Oder sie streifen die Salzwiesen entlang und lassen sich vom Wind den Kopf freipusten. Sie atmen die jodhaltige Luft ein und gehen auf dem Deich spazieren, der das Halligland vor dem gefräßigen »Blanken Hans« schützt.

»Du lebst auf einer Hallig?«

Ja und ich genieße es! Es ist ein Privileg, an diesem einzigartigen Ort leben zu können und solch eine Urlandschaft vor der Haustüre zu haben.

»Was macht ihr denn da den ganzen Tag?«

Wie andere Menschen auch gehen wir unserer Arbeit nach. Wenn wir Freizeit haben, erleben wir nicht viel anderes. Aber wahrscheinlich ist unsere Umgebung ein bisschen vielfältiger. Und vermutlich ist unser Ausblick ein bisschen vielfältiger.

»Da ist doch nichts los, auf dieser Miniinsel!«

Wer das sagt, hat keine Ahnung!

Übrigens, wer »Insel« sagt, obwohl er »Hallig« meint, muss eine Lokalrunde ausgeben. Das ist ein ungeschriebenes

Gesetz. Daher empfehle ich, dass sich jeder den Unterschied zwischen einer Hallig und einer Insel einprägt, denn sonst könnte es bei einem Besuch im Wattenmeer durchaus einmal teuer werden.

## KAPITEL 4
### *Verliebt, verlobt, verworfen*

Verliebt, verlobt, verheiratet – so hätte es sich wahrscheinlich abgespielt, wenn alles gekommen wäre, wie es geplant war. Verliebt war ich, kurz bevor ich auf die Hallig zog, und eine gemeinsame Zukunft war in Reichweite. Eine Verlobung wäre an der Zeit gewesen, sofern man diese aus der Mode gekommene Tradition noch aktiv lebt. Letztendlich kam es aber nicht dazu. Das Gegenteil war der Fall. Alle Pläne verworfen – ich saß auf der Hallig, 25 Jahre jung, alle Träume von gemeinsamer Zukunft und Familie im Eimer, von Verliebtsein und einer Verlobung keine Spur. Was jetzt?

Für den Moment gab es nur zwei Möglichkeiten: Entweder an den Träumen festhalten und darauf warten, dass doch noch ein scheinbares Happy End eintreten würde, oder der Realität in die Augen schauen und sich in neue Aufgaben stürzen. Die Sache mit dem Happy End war der Wunsch meines Herzens! Erst einmal wollte ich tatsächlich daran festhalten. Schnell wurde mir aber klar, dass Märchen und Halligleben nicht zusammenpassen. Die Realität sieht einfach anders aus. Also musste der

Verstand Überzeugungsarbeit leisten – personifiziert in meiner Mutter. Sie gab mir letztendlich den Schubs auf den richtigen Weg. Das war alles andere als harmonisch oder gar einfach. Mit 25 Jahren quasi zurück in die Obhut der Eltern. Raus aus Freiheit und Selbstständigkeit, rein in die Abhängigkeit. So fühlte es sich die erste Zeit tatsächlich an. Ein neues, rosiges Leben war in weite Ferne gerückt. Jetzt ging es vorrangig darum, mich selbst neu zu finden. Mir klar zu werden, was die Liebe für mich bedeutet und was ich von ihr erwarte. Mir meiner selbst bewusst zu werden, war eine meiner neuen Aufgaben.

Der neue Weg führte mich erst einmal wieder auf das Festland. Für ein paar Wochen konnte ich im Hotel Rosenburg in Husum als Praktikantin arbeiten. Ich wollte vor allem in der Küche aktiv sein und von der Pike auf lernen, was es alles braucht, um ein Haus mit zufriedenen Urlaubsgästen zu führen. Das professionelle Miteinander des Teams, die Führung durch die Vorgesetzten, die Kontakte zu Lieferanten und Kunden – all das konnte ich aus diesem Winkel hervorragend beobachten und miterleben. Es war eine tolle Zeit, aus der ich viel mitgenommen habe.

Im Sommer 2001 ging ich für ein Jahr nach Hanerau-Hademarschen. In der Fachschule für Hauswirtschaft im ländlichen Raum wollte ich auf das Praktikum im Hotel aufbauen. Die Schule warb damals mit einem Pilotprojekt. Sie bot zum ersten Mal den Abschluss zur Hauswirtschafterin mit der Ausbilderbefähigung in einem zweijährigen Ausbildungsweg an. Theorie und Praxis im Bereich Nahrungsmittelkunde, Gartenarbeit und Wäschepflege werden hier intensiv vermittelt. Normalerweise entscheidet man sich für diese Schule entweder direkt nach der üblichen Schulausbildung oder nach einer

Ausbildung im hauswirtschaftlichen oder pflegerischen Bereich. Bei mir kamen beide Vorbedingungen nicht infrage. Die damalige Schulleiterin wollte mich allerdings unterstützen und legte ein gutes Wort für mich ein. Ich sollte als Quereinsteigerin beginnen. Ich war zwar völlig praxisfremd, aber die Anerkennung meiner bisherigen Tätigkeiten führte dazu, dass ich eine Probezeit bekam. So ging ich also mit 25 noch einmal zur Schule, in die Unterklasse III. Die Schülerinnen der Parallelklassen waren im Schnitt 16 und auch meine Klassenlehrerin war jünger als ich. Das war schon eine Herausforderung! Meine Klassenkameradinnen waren zum Glück alle etwas älter, so um die zwanzig, denn sie hatten bereits eine abgeschlossene Ausbildung, ebenso die Schülerinnen aus den beiden Oberklassen. Obwohl es zum Schulstart zwei Anmeldungen männlicher Interessenten gab, waren wir Mädels schlussendlich unter uns. Ein krasser Gegensatz zur Lebenssituation, die ich noch rund ein Jahr zuvor hatte. Aus München von dem Weltkonzern Lufthansa Technik, aus einer Männerdomäne kommend, mit einem kurzen Zwischenstopp auf Hooge, direkt in die Landfrauenschule in Hanerau-Hademarschen – nun ja, einfach kann jeder!

Da ich von der Hallig kommend eine sehr lange Anreise hatte, kam für mich Zwischenfahren nicht infrage. Auch eine Wohnung anmieten stellte sich nicht als günstige Lösung für mich dar, so kam ich in den späten Genuss des Internatslebens. Das alte Gemäuer mit der mächtigen knarzenden Holztreppe, den großen weißen Fenstern und dem spitzen Turm auf dem Dach hat seinen eigenen Charme. Diese Schule feierte inzwischen ihr hundertjähriges Jubiläum. Da ich nicht jedes Wochenende nach Hause fuhr und dann meistens allein im Internat blieb, stellte sich ab und zu das Gefühl ein, Hausherrin zu sein. Es bereitete mir Freude, allein durch die riesigen Gänge wandeln und die wohltuende Ruhe aufsaugen zu können. Normalerweise fuhren die Schülerinnen Freitagnachmittag nach Hause und kamen Sonntagnachmittag oder -abend wieder. Der wöchentliche Stundenplan begann früh morgens, je nachdem ob man für die Woche eine Chefrolle hatte oder nicht. Die Chefs mussten immer als Erste in der Küche, im Garten oder im Wäschebereich sein. Gegen sechs Uhr ging es los. Die anderen trudelten um 7.50 Uhr ein, da musste das Frühstück allerdings beendet sein. Der Stundenplan war meistens bis 17 Uhr prall gefüllt. Zum Mittagessen saßen wir zusammen im großen Speisesaal, abends waren es nur noch die, die in der Schule wohnten.

Großes Glück hatte ich mit meinen Klassenkameradinnen. Ohne diese Gemeinschaft hätte ich das erste Jahr nicht geschafft. Wir lernten zusammen, gingen aus, verbrachten teilweise das Wochenende gemeinsam im Internat und die ein oder andere besuchte mich in den Ferien auf der Hallig und mancher Kontakt hat bis heute gehalten. Sie gaben mir den Spitznamen »Oma« und ich wurde zur Schülersprecherin gewählt. Wenn es darum ging, sich für eine Party zurechtzumachen oder abzustimmen, wer den heißesten Kalenderboy im eigenen Zimmer an der Wand hängen hatte, wurden keine Unterschiede gemacht. Neben reichlich Lernstoff und den üblichen Mädchen-Zickenkriegen gab es auch sehr viel Spaß. Mein persönliches Konto Lebenserfahrung füllte sich in diesem Jahr um einen großen Betrag. Das bezieht sich nicht nur auf die Unterrichtsfächer, wie zum Beispiel Ernährung und Gesundheit. All die Formeln und detaillierten Beschaffenheiten verschiedener Lebensmittel – das grenzte schon an Ökotrophologie. Ich habe dort viel gelernt.

Auf meinem Lebensweg erst einmal wieder einen Schritt zurückzugehen, war eine weitere neue Erfahrung. Vor allem musste ich mich aber während des Jahres mit den Themen Loslassen und Gelassenheit auseinandersetzen. Im vorausgegangenen Jahr hatte ich so viel Vertrautes und Liebgewonnenes losgelassen, dass es manchmal wehtat und ich mich auch allein fühlte. Die Schulzeit lenkte zum großen Teil ab, aber es gab auch Situationen, da bewirkte sie genau das Gegenteil.

Zum Ende des Jahres, also nach gut vier Monaten Schulbankdrücken, bekam ich endlich den Bescheid, dass meine Zeugnisse akzeptiert waren und ich meine Probezeit bestanden hatte. Die unterschiedlichen Schulsysteme unserer Bundesländer brachten selbst im tiefsten Dithmarschen ihre Schwierigkeiten mit sich. So kam man zwar zu dem Entschluss, dass ich das erste Jahr des Projektes absolvieren könne, aber nun doch nicht den angekündigten Weg gehen dürfe. Jetzt hieß es, dass ich im Anschluss an das erste Schuljahr ein achtmonatiges Praktikum im Gastgewerbe machen solle. Danach könne ich das zweite Schuljahr angehen und dieses mit der Ausbilderbefähigung abschließen. Das war ein Rückschlag! Aus zwei Jahren Abwesenheit von Hooge sollten nun knapp drei Jahre werden. Und ich würde im zweiten Schuljahr nicht mehr mit meiner Klasse zusammen sein, das ging in meinen Augen gar nicht. Das hätte also nicht nur neue Kameradinnen bedeutet, sondern auch, dass ich 28 und die anderen um die 17 gewesen wären, ich also zur »Uroma« aufgestiegen wäre. Die Schule interessierte das nicht, sie entschied, dass der Abschluss als Quereinsteigerin in zwei Jahren nicht zu erreichen war. Punkt! Somit waren für mich das Projekt und das ursprüngliche Ziel gestorben. Ich war nicht bereit, einen weiteren Schritt rückwärts zu gehen, erst recht nicht ohne die Unterstützung meines inzwischen vertrauten Teams, also meiner Klassengemeinschaft. Hinzu kam die Situation auf Hooge. Unsere Planung für die Betriebsübernahme bezog sich auf zwei Jahre und nicht auf drei. Alles noch einmal umzuwerfen, hätte nicht nur finanzielle Auswirkungen gehabt, sondern auch bedeutet, dass sich meine Mutter nicht um ihre Mutter hätte kümmern können, die zu diesem Zeitpunkt allmählich pflegebedürftig wurde und die sie regelmäßig auf dem Festland besuchte. Somit habe ich nach einem Jahr die Schule mit dem Abschluss zur staatlich geprüften Wirtschafterin abgeschlossen.

Mit einem großen Koffer, zwei Kartons und einem Korb gefüllt mit Erinnerungen und Erfahrungen sowie dem Kalenderblatt, von dem mir der von mir favorisierte heiße Augustboy aufmunternd zuzwinkerte, verließ ich mein kleines Zimmer in der Schule und zog nun ein zweites Mal nach Hooge, zurück in die Zweizimmerwohnung auf der Ockenswarft. Jetzt erst konnte ich in aller Ruhe das vergangene Jahr Revue passieren lassen und in mich hineinhorchen, was sich verändert und vor allem ob ich mich verändert hatte. Die Schulzeit war eine hervorragende Ablenkung gewesen. Der Liebeskummer war nicht mehr präsent, die offenen Wunden verheilten langsam. Häufig guckte ich auf meinen Augustboy und sagte zu ihm: »Neben dir gibt es auch noch den Septemberboy, den Januarboy, den Märzboy und so weiter.« Dabei konnte ich wieder lachen. Zwar gab es all diese Kalendermänner in der Realität nicht, denn ich lebte nun ja auf einer Hallig und nicht in Los Angeles, aber ich hatte es geschafft, meine alte Liebe loszulassen. Die Offenheit und Lust für etwas Neues waren wieder da. Es sollte zwar noch eine ganze Weile dauern, bis ich die Situation nicht nur akzeptierte, sondern auch leben würde, aber ab sofort ging ich wieder gelassener auf das Thema Liebe zu.

Etwa ein halbes Jahr später wurde Eigenbedarf angemeldet und ich musste aus meiner Wohnung ausziehen. Von den zwei Jahren, die ich hier gewohnt hatte, hatte ich fast ein Jahr auf dem Festland verbracht, richtig heimisch geworden war ich hier also nicht. Es hieß schon wieder Kartons packen. Zu dem Zeitpunkt gab es auf der Hallig keine andere Mietwohnung für mich. Die Folge war, dass ich in das Haus meiner Eltern zog und den hintersten Raum, den Pesel, zu meinem Zimmer machte. Meine Möbel kamen nach Husum in das Haus, in dem meine Oma inzwischen wohnte. Meine Mutter fuhr zwar immer häufiger zu ihr, aber dennoch hatte sie ihren Lebensmittelpunkt noch auf Hooge. Mein Stiefvater war derzeit noch in der Politik tätig und so wollten sich beide noch nicht vollends aus dem Haus zurückziehen. So rückten wir zusammen. Ich klebte meinen August-Kalendermann an die Wand des Alkovens, in dem ich nun für ein knappes Jahr mein Schlafgemach haben würde.

»Gut, dass du nur auf dem Papier existierst«, sagte ich zu ihm. »Zu zweit wäre der Alkoven auf Dauer dann doch zu eng.«

Das schmale Schrankbett hat im Gegensatz zu denen in den Ferienwohnungen nur eine Breite von neunzig Zentimetern und eine Länge von einem Meter neunzig. So redete ich mir die Situation schön – Single sein hat auch seine Vorteile!

Schließlich meldete ich mich bei der IHK für ein Existenzgründerseminar an, das an mehreren Wochenenden in Flensburg stattfand. So war ich wieder viel unterwegs und stürzte mich ein weiteres Mal in die Lernarbeit. Als auch das abgeschlossen war und ich nun endlich den Vermietungsbetrieb meiner Eltern offiziell übernommen hatte, saß ich wieder einmal da, guckte zu meinem Kalendermann und zog Bilanz: Mein dreißigster Geburtstag stand bevor und ich war immer noch Single.

»Was um alles in der Welt ist in den letzten fünf Jahren passiert, wo ist die Zeit geblieben, wo ist mein Leben geblieben und hat das hier alles überhaupt einen Sinn?«, fragte ich den Mann auf dem Blatt an der Wand, der mir natürlich wie immer keine Antwort gab. Nach einem Moment Bedenkzeit war ich es, die ihm zuzwinkerte, denn ich hatte selbst meine Antworten gefunden und mein bevorstehender Geburtstag war der perfekte Termin für einen Abschluss.

Meine Lebensweg-Begleiter waren zu diesem besonderen Tag eingeladen. Alle standen für eine herausragende Phase in meinem Leben. Manche Phasen reichen bis in das Heute, andere gehören schon längst der Vergangenheit an. So waren Freunde, aber auch Familienmitglieder anwesend und gefeiert wurde natürlich in München. Das war mir wichtig. Leider konnten nicht alle die Einladung wahrnehmen, aber die meisten waren da und es wurde für mich der schönste und intensivste Geburtstag, den ich bisher hatte. Eine Woche war ich zu dieser Zeit in München, jeder Tag war etwas Besonderes.

An einem Tag verabredete ich mich mit meinem Exfreund. Eigentlich hatten wir keinen Kontakt mehr, aber er ließ es sich nicht nehmen, mir zu Geburtstagen elektronische Glückwünsche per Mail zukommen zu lassen. Ich mochte das nicht, hatte aber nicht den Mut, ihm das zu sagen. Und auch keinen Mut, um damit das hauchdünne Band unserer vermeintlichen Verbundenheit endgültig zu kappen. Diesmal antwortete ich ihm auf gleichem Weg und schrieb: »Wenn Du mir wirklich aufrichtig gratulieren möchtest, dann mach das persönlich!« So kam es zu der Verabredung. Nach fünf Jahren gingen wir Pizza essen. Die Pizza war gut, das Wiedersehen eher merkwürdig. Das Gefühl – weder so noch so. Heute weiß ich gar nicht mehr, worüber wir eigentlich sprachen. Aber ich weiß noch, dass es zwei Momente gab, in denen ich tatsächlich schlucken musste. Ich sprach ihn nicht darauf an, denn der Ring an seinem Finger war Antwort genug. Es war vermutlich ein Verlobungsring. Sehr ähnlich wie der, den wir Jahre zuvor einmal gemeinsam durch ein Schaufenster betrachtet hatten. Außerdem trug er ein Sakko, dass wir zusammen gekauft hatten. Er war sich dessen mit Sicherheit nicht bewusst. Mir tat es weh. Allerdings half es mir, einen Abschluss zu finden. Wir verabschiedeten uns und das war's. Endlich konnte ich die Türe schließen. Es gab zwar immer noch den Ärger darüber, wie er die Trennung Jahre zuvor durchgezogen hatte, aber nicht darüber, dass es zur Trennung kam.

Nach fünf Jahren wusste ich endlich, dass es so kommen musste. Dafür war das Wiedersehen in München notwendig. Er war nicht der Mann für mein Leben und umgekehrt war ich nicht die Frau für sein Leben. Wir gehörten nicht zusammen, denn er hatte längst seine Herzdame gefunden. Aber das war nicht der einzige Grund. Heute weiß ich es besser. Ich liebte das Leben mit ihm und die scheinbar unendlichen Möglichkeiten, die wir gemeinsam hatten. Er fühlte sich in meiner Familie aufgenommen und wohl, ich genoss die Ausflüge nach Südtirol und die Feste mit seiner Familie. Zusammen hatten wir wunderschöne Motorradtouren unternommen und unseren großen Freundeskreis besucht. Wir waren auf den ersten Blick ein harmonisches Paar. Womöglich hätten wir auch eine Weile eine schöne Zeit auf Hooge gehabt, vielleicht sogar Kinder bekommen. Aber wir wären nicht glücklich geworden. Weder jeder für sich noch gemeinsam. Heute bin ich davon überzeugt, dass ihm zu viel gefehlt hätte. Ich hätte diese Lücke niemals ausfüllen können, dürfen und auch gar nicht ausfüllen wollen! Wer auf Hooge nicht zu sich selbst findet, kann auch nicht von einem anderen Menschen gefunden werden. Ich weiß, dass er sich auf Hooge niemals auch nur annähernd so wohl gefühlt hätte, wie ich es tue. Er hätte seine Aufgaben gehabt und die hätte er auch ganz bestimmt hervorragend umgesetzt, aber glücklich hätte er dort nicht werden können. Um das zu verstehen, mussten erst ein paar Jahre vergehen und ich musste auch erst begreifen beziehungsweise selbst erleben, was Hooge mit einem macht. Es dauerte fünf Jahre, bis ich das alles so klar sah und auch akzeptierte. Damit hatte ich es geschafft, mich von einer einengenden Last zu befreien. Ich stellte mich endlich meinem eigenen, ganz persönlichen Weg, der vor mir lag. Bewusst habe ich mich darauf eingelassen, auch mal egoistisch zu sein, und darauf, dass auch ich Fehler machen darf. Auch in der Liebe. Natürlich machte ich Fehler, aber eines stellte ich nicht mehr infrage: Ich wollte meinen Weg auf Hooge gehen und Ja sagen zu diesem Weg und gespannt sein, was und wen er für mich bereithielt. Und so trennte ich mich, nachdem ich von meiner Geburtstagsreise nach München zurückkam, konsequenterweise auch von meinem heißen Augustboy.

## KAPITEL 5

# Ein Winterspaziergang auf dem Deich

Die Frage, ob es gerade im Winter nicht furchtbar langweilig auf einer Hallig sei, verfolgt jeden Halligbewohner. Sie kann nur von jemandem gestellt werden, der keine Augen für die Natur hat, der die Stille nicht hören und die Weite nicht sehen kann. Diese Frage stellt zum Beispiel jemand, der noch nie Mitte Februar einen Spaziergang auf dem Deich gemacht hat. Zugegeben – das ist Hooge für Fortgeschrittene, aber eben auch wunderschön.

Etwas mehr als elf Kilometer sind es um Hooge herum. Zu Fuß ist die Hallig in gut drei Stunden umrundet. Wenn der Wind langsam weniger wird, es eisig kalt und noch ein bisschen nebelig ist, lohnt es sich, sich dick einzupacken und Richtung Wasser zu gehen. Man bekommt den Eindruck, als sei man ganz allein auf einer Insel mitten im Meer. Es sind keine Warften und auch keine umliegenden Eilande zu sehen. In solch einem Moment muss ich immer an *Die unendliche Geschichte* von Michael Ende denken. »Das Nichts breitet sich aus«, heißt es dort. Es ist ein bisschen unheimlich, aber auch beeindruckend schön, das

Nichts zu sehen. Das schier unendliche Nichts. Und vor allem zu hören. Ein Uhu? Hier, ohne Wald? Ist dort tatsächlich ein Uhu zu hören oder ist das etwa die uralte Morla aus den Sümpfen der Traurigkeit? Nein, ganz im Gegenteil! Der Ruf erinnert zwar an einen Waldvogel (oder an das Gnaulen der alten Schildkröte), aber hier handelt es sich um eine Ente. Um genau zu sein, um den schwarz-weißen Erpel der Eiderenten, einer Meeresentenart mit besonders weichen Federn, deren wissenschaftlicher Name sich mit »die Allerweichste mit dem schwarzen Körper« übersetzen lässt. Es ist der Ruf des Erpels, den man in der Winterzeit besonders gut hören kann. Es ist auch nicht nur ein Erpel zu hören und mit Traurigkeit hat dieser Ruf auch nichts zu tun. Es ist ein Balzruf und wenn die Männer balzen, sind die Frauen meist nicht weit. Geben sich die Männer richtig Mühe, antworten die Damen auch irgendwann. Zwischen dem leisen Wind, dem Entenliebesgesäusel und den anderen Vogelstimmen, die um diese Jahreszeit noch sehr verhalten sind, ist immer wieder dieses Nichts zu hören. Das Wunderbare daran ist, dass man es nicht nur hören, sondern auch fühlen kann, und das ist keineswegs gruselig oder beängstigend.

Gut lässt es sich auch auf dem vom Wasser freigegebenen Wattboden laufen, entlang des Spülsaums, der sich nach dem Rückzug des Wassers immer wieder aufs Neue bildet und wie eine Wellenlinie voller kleiner Schätze und Geheimnisse aussieht. Wer besonders aufmerksam ist, kann in dem Gewirr von Seetang schon mal das »Gold des Meeres« finden, wie der Bernstein auch genannt wird. Mir ist das noch nicht geglückt. Einmal auf einer Wattwanderung zum Japsand, einer vorgelagerten Sandbank, die man nach gut einer Stunde erreicht – ich lief ganz vorn –, dachte ich mir: *Was liegt denn da ein paar*

*Meter voraus? So groß, könnte das womöglich ...?* In diesem Moment lief ein Junge an mir vorbei und rief:»Hurra! Ich habe einen Bernstein gefunden! Ich bin der König der Schatzsucher!« Da wusste ich, dass das ein Bernstein war, und damit habe ich es auch mit der aktiven Suche gelassen. Einen so großen Stein habe ich nie wieder gesehen und nach den kleineren, die wesentlich häufiger vorkommen, halte ich erst gar nicht Ausschau.

Es gibt unter den Halligbewohnern einige Adleraugen, die diese Schmucksteine, die erst nach dem Schleifen ihren wunderbaren Glanz in den verschiedensten Gelbtönen entfalten, auch aus einer Höhe von einem Meter achtzig entdecken. Das wird für mich ein ewiges Phänomen bleiben.

Spektakulär wird es, wenn sich der Nebel aufgelöst hat und eine vermeintlich riesige »Wolke« über dem Watt auftaucht. Die Wattfläche scheint kein greifbares Ende zu haben, der Horizont ist endlos. Diese »Wolken« tanzen wie auf einer Bühne und es dauert eine Weile, bis man begreift, wer hier die Wattbühne eingenommen hat. Es sind die Knutts, die vermutlich besten Tänzer der Welt, zumindest im Verbund und in der Luft. Die Knutts, auch Knuttstrandläufer genannt, sind etwa 25 Zentimeter lang und gehören zu den außergewöhnlichsten Langstreckenfliegern in der Vogelwelt. Ihre Überwinterungsgebiete liegen in Afrika, aber es gibt auch Unterarten, die in Australien oder Nord-Neuseeland überwintern. Auf ihrer Reise zwischen den Überwinterungs- und den Rast- und Brutgebieten in Kanada, Grönland und Sibirien können diese kleinen Vögel Etappen von bis zu fünftausend Kilometern nonstop zurücklegen. Das Wattenmeer gehört mit zu den wichtigsten Rastgebieten der Knutts. Es ist immer wieder eine einmalige Performance, die diese Vögel darbieten, und man fragt sich, warum es niemals zu einem »Aufflugunfall« kommt. Sagt einer von ihnen den Richtungswechsel an? Von jetzt auf gleich sind sie nicht mehr zu sehen, wenn sie die Richtung geändert haben. Je nachdem, ob sie uns den Rücken oder ihren Bauch zudrehen, gucken wir abwechselnd auf die dunkle oder die helle Seite ihres Körpers. Wenn die Sonne direkt darauf scheint, heben sie sich für einen Augenblick nicht mehr vom Hintergrund ab und scheinen verschwunden zu sein. Je nach Lichteinfall funkeln sie manchmal sogar und es sieht so aus, als ob Millionen von Diamanten am Himmel glitzern würden. Oft kann man sie erst gar nicht sehen, hört sie aber heranfliegen, da der Wind ihren Flügelschlag vorausschickt. Erst wenn sie direkt über einem sind, sieht man sie und ist regelrecht berauscht von der Geräuschkulisse und der Geschwindigkeit.

Auf den Gründeich, der durch einen Treppenaufgang zu erreichen ist, läuft es sich bei frostigen Verhältnissen besonders gut. Das noch von Raureif benetzte Gras glitzert in der Vormittagssonne, die Luft ist klar und die Vogelstimmen werden bei diesen Bedingungen weit getragen. Wie auch das »Rott rott« der Ringelgänse, das aus dem Watt zu hören ist. Sie sind ganz besondere Gäste, die nur zweimal im Jahr auf den Halligen zu beobachten sind. Wenn sie nicht hier sind, sind sie entweder in ihren Winterrevieren in Großbritannien, Südfrankreich und den Niederlanden oder sie sind in der Mauser und das geschieht in Sibirien. Im äußersten Norden gibt es die Halbinsel Taimyr, sie ist der nördlichste kontinentale Festlandteil der Erde. Bis dorthin fliegen die Ringelgänse im Frühjahr, um zu brüten, nachdem sie sich im Wattenmeer dick und rund gefressen haben. Es dauert eine ganze Weile, bis eine Ringelgans statt ist. Ringelgänse sind Vegetarier und nur knapp ein Drittel der aufgenommenen

Nahrung kann auch tatsächlich verdaut werden. So kommt es, dass die Gänse alle drei bis vier Minuten ein kleines Würstchen fallen lassen. Diese Spuren sind auf dem Deich gut zu sehen. Kreuz und quer liegen sie, die Hinterlassenschaften dieser Gänse. Man muss schon richtig viel fressen, wenn man alle drei Minuten verdaut und trotzdem zunehmen soll.

Auf der Hallig hat jede Jahreszeit ihre besonderen Reize. Herbst und Winter können sehr rau und grau sein, aber eben auch hell und freundlich. Manchmal gibt es auch Schnee. Das sieht dann fast märchenhaft aus, wenn man zur Nachbarhallig Langeneß guckt. Schneeweiße Dächer und gezuckerte Warften, umringt von einer grauweißen Steinkante. Wenn dann noch Eisschollen durch das Wasser getragen werden, ist das Kitschbild fast perfekt. Es ist schön. Und ruhig.

Der Herbst kann den krassen Gegensatz bilden, von Kitsch keine Spur. Auch wenn wir auf Hooge nur noch durchschnittlich von drei- bis fünfmal Landunter sprechen, ist es trotzdem eine Naturgewalt, die zur Hallig gehört und sogar nötig ist. Nicht nur die Flora hat sich auf den Salzgehalt eingestellt, eine regelmäßige Sedimentenablagerung ist auch für den Aufbau einer Hallig wichtig. Wenn Sturm aufkommt, wissen alle, was zu tun ist. Dann sollte niemand mehr auf dem Deich spazieren gehen. Wenn das Wasser den Deich überflutet, läuft die Hallig sehr schnell voll, das Wasser kommt von allen Seiten und man wäre im Nullkommanix vom Wasser eingeschlossen, genauso wie es auch draußen im Watt passiert, wenn die Flut einsetzt. Es ist ein Irrglaube vieler Urlauber, dass das Wasser ja nur von vorn kommen kann, wenn man den Strand oder den Deich im Rücken hat. Das Wattenmeer ist von vielen Prielen – das sind natürliche Wasserläufe – mit unterschiedlicher Tiefe durchzogen. Der eine läuft schneller voll, der andere langsamer. Wer mittendrin steht, kriegt mehr als nur nasse Füße.

Nasse Füße, ein geschärfter Blick, ein Ohr für die Stille – eine Hallig muss man unbedingt mit allen Sinnen erleben. Besonders während eines Deichspaziergangs im Winter. Wer das nicht kann oder nicht aushält oder nichts sieht, der steckt womöglich tatsächlich tief drin in den Sümpfen der Traurigkeit.

## KAPITEL 6

# 21. Februar – Biikebrennen

Der 21. Februar ist traditionell in ganz Nordfriesland ein besonderer Tag beziehungsweise eine besondere Nacht. In dieser Nacht findet das sogenannte Biikebrennen statt.

Dieser Brauch ist fester Bestandteil des nordfriesischen Gemeindelebens und erfreut sich bei Einheimischen wie Besuchern großer Beliebtheit. So sind auch an der Küste am 21. Februar die großen Biikehaufen zu finden, die bei eintretender Dunkelheit angezündet werden. Die Rituale sind von Ort zu Ort unterschiedlich, die Geschichten dazu ebenso. Bei den einen war es ein Kinderfest, das in seiner Bedeutung mit dem Geburtstag oder sogar dem Weihnachtsfest gleichgestellt war, bei den anderen war es immer schon das Fest, mit dem die Seefahrer verabschiedet wurden. Diese sollten mit dem Feuerschein so lange wie möglich mit ihrem Zuhause in Verbindung bleiben, bevor sie für mehrere Monate auf Walfang oder Große Fahrt gingen. Auch soll Gott Wotan bei den Heiden eine Rolle gespielt haben. Womöglich bat man ihn um den Schutz der Seefahrer. Vielleicht wurde das Biikefeuer aber auch einfach nur zum Vertreiben des Winters ins Leben gerufen – man weiß es heute einfach nicht mehr so genau. Eigentlich ist es auch gar nicht so wichtig, denn schließlich ist es doch egal, warum man zusammenkommt und miteinander feiert, singt, isst oder einfach nur die Zeit genießt. An einem wärmenden Feuer fällt das auch gar nicht schwer.

Schon die Vorbereitung ist zu einer eigenen Tradition geworden. Meistens sind es die gleichen helfenden Hände, die dafür sorgen, dass der Biikehaufen am Landsende hoch und kompakt wird. Größere Inseln oder Festlandgemeinden haben meistens mehrere Haufen, auf Hooge gibt es nur einen. Jeder hat sich warme Arbeitsklamotten angezogen und ist mit einer Astschere oder Säge bewaffnet. Hier und da hört man auch eine elektrische Motorsäge. Alle Bäume und Büsche werden zurückgeschnitten. Das passiert fast zeitgleich auf den Warften. Die Arbeit beginnt im eigenen Garten und dehnt sich bis in die Mitte der Warft aus. Auf den Sammelplätzen wachsen über eine Woche verteilt schnell Baum- und Buschschnitt, die sogenannte Biike, zu beachtlichen Haufen. Früher haben die Kinder die Biike eingesammelt. Das war immer ein wildes Treiben und eine willkommene Abwechslung, denn dafür bekamen die Schüler sogar einen Tag schulfrei. Heute sind sie nach Schulschluss auch noch dabei, packen mal mehr, mal weniger mit an, aber der Spaß ist auch heute noch unverändert. Bei Groß und Klein.

In der letzten Woche vor dem 21. fahren einige Landwirte und Angestellte der Gemeinde mit ihren Traktoren und freiwilligen Helfern die Sammelplätze ab und nehmen alles mit. Manchmal liegen dort halbe Bäume, denn wenn aufgeräumt wird, dann richtig. Manchmal finden sich dort auch Paletten oder unbrauchbar gewordene Zaunreste und insgesamt bestimmt an die fünfzig Weihnachtsbäume, natürlich ohne Christbaumschmuck. Allein um die ausgedienten Weihnachtsbäume zu entsorgen, ist das Biikebrennen eine gute Sache, denn auf der Hallig kommt in der ersten Januarwoche nicht die Müllabfuhr vorbei, um die Weihnachtsbäume einzusammeln.

Wenn der Sammelplatz auf der Ockenswarft leer geräumt ist, gibt es bei uns immer jemanden, der spontan einen Korb mit in Thermoskannen abgefüllten Heißgetränken, Tassen, ein paar Kleinigkeiten zum Naschen oder Knabbern hervorzaubert. Eine kurze Pause, bevor es zu einer anderen Warft zum Aufsammeln geht, wird von allen gern angenommen.

Am 21. ist es dann endlich so weit. Mit meinen Gästen und mit Freunden aus Lübeck, die schon seit mehr als zehn Jahren immer zum Biikebrennen kommen, wird der Abend in meiner Küche mit einer hauseigenen Tradition eingeläutet. Wir nennen es »Die große Salbung«. Ein Nivea-Topf wird herumgereicht, jeder greift tief hinein und schmiert sich das Gesicht ein, bis es richtig schön fettig glänzt. Dazu gibt es einen kleinen Umtrunk und so stimmen wir uns auf einen besonderen Abend und meist auch eine fröhliche und lange Nacht ein.

Um 19 Uhr wird die Biike bei der Badestelle am Landsende von der Freiwilligen Feuerwehr angezündet. Wir haben es also nicht weit zum Ort des Geschehens, brauchen auch kein Auto, sondern gehen kurz vor 19 Uhr gemütlich los. Egal, wie dunkel es ist, das Feuer weist uns den ungefähr zweihundert Meter langen Weg. Um das Feuer herum haben sich Bewohner und Gäste eingefunden und auch der Stand mit dem Teepunsch ist bereits aufgebaut. In den letzten Jahren hat unser Pastor das ein oder andere bekannte Lied auf dem Schifferklavier gespielt und meistens haben fast alle mitgesungen. Es gab sogar mal ein

Biikebrennen, bei dem ein junger Mann von der Hallig auf seinem Didgeridoo spielte. Auch das war etwas Besonderes und hat für eine heimelige Stimmung am Feuer gesorgt. Ich finde es schön, wenn am Feuer gesungen wird. Auf Hallig Langeneß gehört das wohl schon längst zur Tradition, auf Hooge gibt es verschiedene Meinungen dazu. Die einen möchten, dass Feste so gefeiert werden, wie sie immer schon gefeiert wurden, und das am besten nur unter den Einheimischen selbst. Andere freuen sich darüber, dass gerade das Biikebrennen von Freunden und Gästen so gut angenommen wird und jedes Jahr ein paar Menschen mehr extra dafür nach Hooge kommen. Aber so ist es ja häufig: Die einen möchten, dass sich nichts verändert, alles so bleibt, wie es ist, und andere öffnen sich und freuen sich über frischen Wind. Manche Veränderungen kommen und manche verschwinden auch wieder mit der Zeit. Nichts ist so beständig wie der Wandel.

Bei einer Veränderung ist nicht mehr ganz nachvollziehbar, wann sie Einzug gehalten hat und wer dafür verantwortlich ist. Fakt ist aber, dass dieser »neue Brauch« nur auf Hooge stattfindet. Sobald die ersten Stämme von den Flammen verschlungen sind, werden vor allem die Kinder und Junggebliebenen aktiv. Sie ziehen die verkohlten Holzstücke aus dem Haufen, reiben die Hände an den rußigen Scheiten, bis sie pechschwarz sind, und gehen dann auf die Jagd nach weißen Gesichtern. Sie schleichen sich an und fallen plötzlich aus dem Hinterhalt über einen her. Ein Entkommen ist nicht möglich. Alles, was nicht von Mütze oder Schal bedeckt ist, wird schonungslos eingerieben. Der Ruß klebt in allen Poren und Falten – es sei denn, man hat sich vorher kräftig eingecremt! Dann braucht es keine Kernseife, um den klebrigen Ruß vor dem Zu-Bett-Gehen abzuwaschen. Ob man so verrußt blöd aussieht oder nicht, ist völlig egal! Selbst sieht man sich ja nicht. Und den Gästen sagen wir stets, dass das geschwärzte Gesicht die Eintrittskarte in die beiden Restaurants sei, die zu diesem Anlass geöffnet haben. In den Sommermonaten gibt es vier weitere Gaststätten und ein Café, für die es natürlich keine geschwärzten Gesichter oder Ähnliches braucht.

Wenn das Feuer heruntergebrannt ist, ist die lange Biikenacht noch nicht vorbei. Traditionell findet man sich zum gemeinsamen Grünkohlessen ein. Biikebrennen und Grünkohl gehören zusammen wie Ostern und Schokoladeneier! Grünkohl wird traditionell mit Kochwurst, Kasseler und Schweinebacke sowie Salz-, Brat- oder süßen Kartoffeln gereicht. Die süßen Kartoffeln sind für mich ein Höhepunkt. Sie werden in der Pfanne mit Zucker geschwenkt, bis dieser karamellisiert. Diese süßen Kartoffeln gab es allerdings nur in dem Gasthaus, in dem meine Gruppe noch vor ein paar Jahren zur Biike saß. Dieses gibt es aber nicht mehr, daher haben wir gewechselt und müssen nun auf diese Spezialität verzichten. Manche Gastgeber wählen die einfache Alternative und stellen einen Topf mit Zucker auf den Tisch. Diesen streuen sich viele direkt auf den Kohl – das ist aber nicht dasselbe.

Alle sind in den Gaststätten herzlich willkommen zu Grünkohl und guter Stimmung und dementsprechend wird es auch immer voller. Je nachdem, wie die Organisation, also die Bestuhlung und auch die Reservierungen, in den einzelnen Gasthäusern gehandhabt wird, kann es auch mal passieren, dass Gäste, die nicht wussten, dass man anlässlich des gesellschaftlichen Großereignisses besser hätte reservieren sollen, keinen Platz mehr bekommen und das Lokal mit knurrendem Magen verlassen müssen. Oder dass die Servicekräfte in der Enge der vollen Stube mit dem Reichen der Speisen nicht hinterherkommen. Dann kann es hilfreich sein, talentierte Musiker unter den Gästen zu haben, die für gute Stimmung sorgen. Es gibt da zwei, die seit Jahren im Gasthaus Zum Seehund alle Musikwünsche der Gäste erfüllen, solange ihre Stimmbänder durchhalten und ihre Finger die Saiten ihrer Gitarren greifen können. Was auch immer gewünscht wird, ihr Repertoire ist unerschöpflich, sie kennen alles, können alles, spielen und singen fantastisch. So stimmen die anderen ein und wir singen gemeinsam von dem »Mädchen im Wagen vor mir«, vom »Ring of Fire« und den »Mountains in West Virginia«. Wir singen sehnsüchtig von Orten, von denen wir träumen, und solchen, wo wir einmal zu Hause waren, und wissen ganz genau: So schön, schön war die Zeit.

Wenn man Jahr aus, Jahr ein mit einer festen Gruppe um sich herum solch ein Fest feiert, wächst man ganz schön eng zusammen. Vor allem kann man aber auch wunderbar gemeinsam in Erinnerungen schwelgen. Gern denken wir zum Beispiel an das Biikebrennen 2005 zurück. An diesem nahm ein Journalist des Deutschlandfunks teil. Eigentlich war er »nur« wegen der UNESCO-Auszeichnung zum Biosphärenreservat nach Hooge gekommen. Aber wer Mitte Februar den Weg auf die Hallig findet, kommt am Biikebrennen nicht vorbei. Darauf sollte man vorbereitet sein. Er war es nicht! Das sahen wir sofort, als wir das erste Mal auf ihn trafen. Das war direkt nach dem Feuer, als wir alle mit geschwärzten Gesichtern, in ausgelassener Stimmung und mit hungrigen Mägen in das Restaurant Königspesel eintraten. Größer konnten die Unterschiede gar nicht sein. Unsere Gruppe, die in lauter und durchaus aufgekratzter Stimmung den Gastraum betrat, und er, der still am Tisch sitzende

Mann, der auf uns wartete. Auf den ersten Blick kam er uns »very british« vor. Hemd, Pullunder, Sakko. Alles aufeinander abgestimmt, viele Karos. Erdfarben. Den Schal in lässiger Eleganz um den Hals geschwungen. Unaufdringlich und chic saß er da, vor sich ein Aufnahmegerät und ein Glas mit heißem Tee. Ganz genau können wir es nicht mehr nachvollziehen, aber sehr lange dauerte es nicht, bis das Sakko über irgendeiner Stuhllehne hing, der Pullunder über einer anderen. Die Hemdsärmel waren hochgekrempelt und der Schal hing um einen anderen Hals. Der Tee war längst ausgetrunken und vergessen, stattdessen stand nun ein volles Glas Bier vor ihm. Und wie bei allen anderen auch zwei, drei oder auch vier leere Schnapsgläschen. Längst hatte er sich von der ausgelassenen Stimmung anstecken lassen. Er hätte auch gar nicht anders können. Mittendrin statt nur dabei – sonst hätte er auch nicht die Stimmung aufnehmen oder gar wiedergeben können, die an diesem Abend herrschte. So wurde aus dem Bericht über das UNESCO-Weltkulturerbe »Schleswig-Holsteinisches Wattenmeer und Halligen« eine stimmungsvolle Vor-Ort-Reportage, in der der Reporter sich den Traditionen des Biikefestes bereitwillig im Selbstversuch stellte. Allerdings sollte man sich vorher über zwei Dinge im Klaren sein: die eigene Trinkfestigkeit und die anstehenden Termine am Tag danach. Über beides hatte sich dieser Journalist vorab keine Gedanken gemacht. Darüber hinaus hatte er wohl die Wetterverhältnisse im Februar auf einer Hallig und vor allem die Größe einer solchen völlig unterschätzt. Er und ich waren am nächsten Tag um elf Uhr verabredet. Er wollte mit mir über den Tourismus auf Hooge sprechen. Irgendwann nach 13 Uhr tauchte er bei mir auf. Wo er in der Zwischenzeit abgeblieben war, konnte er mir nicht sagen. Er versicherte mir, dass er pünktlich auf der Backenswarft gestartet sei. Zu Fuß. Das schafft man eigentlich in dreißig bis vierzig Minuten. Okay, bei eisigem Gegenwind vielleicht eher in fünfzig Minuten. Vielleicht brauchte er nach dem feuchtfröhlichen Abend auch einfach nur eine Extraportion frische Seeluft. Gut erinnern konnte er sich allerdings noch an die Spezialität des Restaurants am Abend zuvor, die murmelgroßen süßen Kartoffeln. Ein echter Hochgenuss! Auch wusste er noch, dass wir ausgiebig gesungen hatten, insbesondere das Lieblingslied der Wirtin. Als Dank für ihre tolle Küche sind wir für sie und mit ihr mindestens dreimal über die sieben Brücken von Peter Maffay gegangen. Jedes Mal aus tiefstem Herzen und mit völliger Hingabe.

Nach diesem Rückblick konzentrierten wir uns schließlich auf das Interview und ich gab ihm bei mehreren Tassen starken Kaffees Einblicke in das touristische Angebot in der Biosphäre Halligen. Der Tourismus gewinnt hier zunehmend an Bedeutung. Früher gab es mehrere landwirtschaftliche Betriebe, doch inzwischen bieten fast alle Einheimischen Ferienunterkünfte an und leben von und mit den rund 46.000 Übernachtungsgästen, die im Jahr auf Hooge Urlaub machen. Dazu kommen im Jahr rund neunzigtausend Tagesausflügler zu Besuch auf unser Eiland.

Normalerweise steht am Tag danach, also am 22. Februar, etwas ganz anderes als ein Interview an. Dann gibt es eine weitere kulinarische Tradition im Haus am Landsende. Da die Nacht meistens recht kurz war, gibt es ein spätes Frühstück. Für die Gäste des Hauses und gute Freunde ist gegen elf Uhr der Tisch gedeckt. Beim Anblick des reichlich bestückten Tisches ist spätestens jetzt jedem klar, wo meine Wurzeln liegen: Eine bayerische Brotzeit ist angerichtet. In der Mitte des Tisches steht ein großer Topf mit Weißwürsten, rechts und links von diesem stehen Schalen mit Leberkäs, süßem Senf und natürlich gibt es auch Obazter, Wurstsalat und Brez'n. Manch einer greift zum Weißbier, ein anderer lieber zur Apfelschorle, ich mische mir ein Radler. Spätestens um elf Uhr dreißig sitzen dann alle auf ihren Plätzen, denn das Zwölf-Uhr-Kirchenglockenläuten dürfen die Weißwürste nicht mehr erleben – sagt eine bayerische Faustregel, an die wir uns nur zu gern halten. So sitzen in meiner Döns schon mal acht bis zwölf Personen um den großen Tisch und lassen es sich schmecken. Die Döns ist sozusagen das Vorzimmer des Pesels. Hier saß früher die Familie zu besonderen Anlässen zusammen. Heute steht die Döns für das einfache Wohnzimmer.

So haben das Biikebrennen am 21. Februar und die bayerische Brotzeit am Tag danach gut zusammengefunden. Biikebrennen ist für mich eines der schönsten Feste des Jahres. Und mir ist es egal, wie der Brauch entstanden ist und warum. Im Grunde ist es mir auch egal, ob wir singen oder nicht. Hauptsache, ich habe liebe Menschen um mich herum, die dieses Fest, diese Tradition genießen und miteinander feiern. Das Beisammensein, die Leichtigkeit, die gute Stimmung und eine brennende Biike sind für mich das Wichtigste.

Dass ich ganz nebenbei dadurch in der sogenannten tourismusschwachen Saison auch noch ein volles Haus habe, ist für mich existenziell notwendig. Diese Kombination aus »Tradition leben« und »Türen für Gäste öffnen« ist eine wunderbare Gelegenheit, Gutes und Notwendiges zu verbinden und mir somit meine Existenz auf Hooge zu sichern. Das ist ein Punkt, der neben all der Liebe zur Tradition und der bei manchen

Bewohnern tief verwurzelten Sehnsucht, die Hallig möge im Winter nur den Halligleuten gehören, berücksichtigt werden muss, wenn es langfristig Betriebe auf der Hallig geben soll, die vom Tourismus leben.

Wie schon gesagt: Nichts ist so beständig wie der Wandel. Das gilt auch für eine Hallig. Selbst wenn dort ein Wandel manchmal etwas langsamer vonstattengeht, so ist er doch unaufhaltbar. Aber wenn man die Chance hat, diesen Wandel selbst zu gestalten, dann sind die Aussichten, dass man diesen positiv beeinflussen kann, schlichtweg besser. Klar ist es einfacher, alles so zu lassen, wie es immer war, bringt aber langfristig das Gegenteil mit sich. Denn wenn wir auf Dauer daran festhalten, mit dem Biikefeuer die Walfänger zu verabschieden oder Wotan zu besänftigen, dann hat das Feuer heute doch irgendwie seine Berechtigung verloren, oder?

## KAPITEL 7
### *Keine Farbe bekennen, aber einen Eid leisten*

Noch bevor ich meinen ersten Wohnsitz auf die Hallig verlegte, nahm ich bereits als Besucherin an verschiedenen Sitzungen der Gemeindevertretung Hooge teil. Die Gemeindevertretung besteht aus sieben ehrenamtlichen Mitgliedern (dazu gehört auch der Bürgermeister) und regelt von Aufgaben, die von den verschiedenen Ausschüssen empfohlen werden, wie etwa das Aufstellen von Spielgeräten, bis zum Erstellen von Zielen und Grundsätzen für die Verwaltung der Gemeinde alles, was das Gemeindeleben auf der Hallig betrifft.

Bei den Gemeindevertretersitzungen, die überwiegend auf Plattdeutsch abgehalten wurden, ging es seinerzeit recht emotional zu. Mitglieder der »alten Garde« gingen mitunter sehr schroff miteinander um, aber irgendwie schien das dazuzugehören. Ich erfuhr sehr früh, dass sich die Teilnehmer abends zwar verbal die Köpfe einschlugen, aber am nächsten Tag wieder vernünftig miteinander verkehrten. Das beeindruckte mich und heute vermisse ich manchmal diese Lebendigkeit und Emotionalität in Sitzungen. Zeigt das Verhalten doch vor allem auch, wofür man brennt.

Heute ist es so, dass es kaum mehr Zeit für intensive Diskussionen gibt. Meistens spricht nur ein Gemeinderatsmitglied, das ist in diesem Fall der Bürgermeister, und am Ende wird nur noch abgestimmt. Diskussionen und Streitgespräche finden vorab in internen Besprechungen statt. Für Sitzungsteilnehmer hat das den Vorteil, dass man schneller zu einem Ergebnis kommt, für Zuhörer ist so ein Verlauf langweilig, nicht immer nachvollziehbar und vor allem undurchsichtig. Es ist kaum noch zu erkennen, wer welche Meinung vertritt, wer sich für etwas stark macht und um etwas kämpft.

Die Kommunalpolitik und auch die -politiker haben sich in den letzten zwanzig Jahren verändert. Das Aufgabengebiet ist enorm gewachsen, ebenso die Forderungen, aber auch die Verantwortung. Wenn man bedenkt, dass hier auf Hooge alle Aufgaben von Freiwilligen übernommen werden, muss man sich fragen, ob von diesen Ehrenamtlern nicht zu viel verlangt wird. Sie müssen im Namen aller Bürger abwägen und entscheiden, egal ob ihnen ein Thema vertraut ist oder nicht. Sie müssen dafür sorgen, dass Gleichberechtigung herrscht und vorausschauend entschieden wird. Medizinische Versorgung, Förderung des Tourismus, Kindergarten und Schule, eine stabile Haushaltslage und vieles mehr liegen in den Händen der Gemeindevertretung. Eigentlich bräuchte es dafür Fachleute, die sich in den jeweiligen Bereichen gut auskennen. Ich kann zwar guten Gewissens von mir behaupten, dass ich Geschmack habe und mich deshalb stets freiwillig meldete, um die schönsten Kacheln, den besten Bodenbelag und die stabilsten Dachpfannen für die Renovierung der Gemeindeliegenschaften mit auszuwählen, aber wenn es darum ging zu entscheiden, ob wir nun den Abwasseranschluss an der Kreisbrücke rechtsherum oder linksherum verlegen oder den Realsteuer-Hebesatz erhöhen oder senken, war ich nicht diejenige, die sich als Erste gemeldet hat. Gerade das Thema Steuererhöhungen gehörte nie zu meinen bevorzugten Aufgaben. Beim Thema Hundesteuer haben wir beispielsweise viel diskutiert. Oft kam es dann zu einem Mehrheitsentschluss und nicht zu einer einstimmigen Entscheidung. Auch wenn es sich bei uns nur um eine sehr kleine Gemeinde handelt, so sind die Aufgaben doch die gleichen wie in der großen Politik. Hier gibt es aber keine Profis und auch keine Fachbereiche, sondern nur die, die sich bereit erklären, sich dieser Aufgaben anzunehmen und sie nach bestem Wissen und Gewissen auszuüben. So fordert es zumindest der Eid, den man als Vertreter der Bürger zu seiner Wahl leisten muss. Diesen Eid durfte ich dreimal leisten.

Vor rund zwanzig Jahren gab es noch zwei führende Parteien auf Hooge: die SPD und die CDU. Die einen waren mehr auf das Thema Tourismus und Wirtschaft ausgerichtet, die anderen mehr auf Landwirtschaft und Küstenschutz. Ich kam als Parteilose auf die Hallig, denn für Parteipolitik interessierte ich mich nie sonderlich. Ich war der Meinung, dass ich als kleines Licht in einer großen Stadt wie München keine Chance auf Gehör oder sogar Einfluss hätte, und damit hatte ich meine perfekte Ausrede. Zur Wahl ging ich zwar, aber das war dann auch schon alles an politischem Engagement meinerseits. Auf Hooge änderte ich meine Einstellung schnell. Wer auf einem so kleinen Eiland wohnt und darüber hinaus auch Geld verdienen möchte beziehungsweise muss, der sollte sich auch politisch einbringen, damit es vorwärtsgeht. Nur zugucken, wie andere versuchen, die Geschicke der Gemeinde zu leiten, war nicht mein Ding.

Da mein Stiefvater aktives Mitglied in der SPD war, war es naheliegend, dass auch ich eher rot orientiert war und letztendlich auch den Eindruck hatte, dass sich in dieser Partei mehr bewegte. So kam es, dass ich von Mitgliedern der SPD offiziell gefragt wurde, ob ich nicht für die bevorstehende Wahlperiode 2003 bis 2008 eintreten und kandidieren wolle. Ich war gerade mal zwei Jahre auf der Hallig und davon mehr auf dem Festland in einer Ausbildung als auf Hooge. Auch hatte ich eigentlich nicht vor, in irgendeine Partei einzutreten. Ich hielt nichts von einem Parteibuch, starr eingebunden in einer festen Farbe. Ich wollte in erster Linie für meine persönliche Überzeugung einstehen, für das, was für alle gut ist und vor allem für die Hallig, und nicht für das, was irgendwelche Genossen in Grundsätzen festgelegt haben. Gespräche wurden geführt, aber vollends überzeugt war ich noch nicht.

Überraschenderweise kam auch die hiesige CDU mit einer Anfrage auf mich zu. Der Ortsvorsitzende Uwe, der inzwischen leider verstorben ist, versuchte mich für seine Partei anzuwerben. Er war gut! Seine Argumente waren gut! Wir führten ein langes und offenes Gespräch. Er sagte mir unverblümt, wie es um die Partei stand. Die Aussichten waren nicht gerade rosig. Ich fühlte mich geehrt, machte aber wiederum klar, dass ich keine Parteifarbe annehmen wolle. Man machte mir schließlich das Angebot, mich als parteiloses Mitglied aufzustellen. Ich war sprachlos und musste um Bedenkzeit bitten. Da ich mit offenen Karten spielen wollte, habe ich kurz danach die SPD-Mitglieder über das Angebot der Opposition informiert und bat um eine Reaktion beziehungsweise stellte in deren Richtung die Frage, ob man sich dort vorstellen könne, dass ich bei der SPD als parteiloses Mitglied aktiv werden könnte. Dieser Vorschlag stieß dort gar nicht auf Zuspruch, das Gegenteil war der Fall. Das war meine erste heftige Erfahrung mit der hiesigen Politik, die auch für ordentlichen Gesprächsstoff auf der Hallig sorgte. So waren die Würfel im Grunde gefallen. Ich wollte politisch aktiv werden, mich aber nicht in meiner Überzeugung beschneiden lassen. Die CDU war bereit, dieses Experiment einzugehen. Bevor ich allerdings zustimmte, wagte ich es, eine Bedingung aufzustellen. Ich wollte, dass noch mindestens ein weiterer junger Hooger zur Mitarbeit bewegt werden sollte. Ich wollte nicht das einzige unerfahrene Küken sein. Es gelang mir. Ein junger Mann gab seine Zusage, auch wenn er letztendlich nicht sehr häufig bei den Versammlungen zu sehen war. So begann also meine politische Laufbahn bei den Schwarzen als parteiloses Mitglied.

Mit der Zeit war mein holpriger Einstieg kein Thema mehr und ich bekam den Eindruck, dass meine Arbeit respektiert wurde. Innerparteilich fanden die Versammlungen fast immer im selben kleinen Rahmen statt, aber wir kämpften für unsere Ziele und gewannen sogar einen weiteren jungen Mann als Mitglied. Uwe wurde allerdings immer unzufriedener, denn die Partei hatte keinen starken Motor mehr. Er fühlte sich aus Altersgründen nicht mehr in der Lage für diese Aufgabe, potenzielle Nachfolger waren nicht bereit, die Führung zu übernehmen, und neue Mitglieder waren nicht in Aussicht. So entschloss man sich, den Ortsverein aufzulösen. Damit war der Weg für die geebnet, die politisch weiterhin aktiv bleiben, sich aber keiner Partei anschließen wollten. Zuerst sah es zwar so aus, als ob das zur nächsten Wahl nicht erreicht werden könnte, aber dann hat es doch noch ein Bürger geschafft, zur Gründung einer Wählergemeinschaft aufzurufen.

In dieser Wählergemeinschaft war ich ab dem ersten Treffen Mitglied. Die Liste für die nächste Wahlperiode 2008 bis

2013 wurde aufgestellt und nur ganz knapp habe ich den direkten Einzug in die Gemeindevertretung verpasst. Dieser sollte aber schon ein paar Monate später folgen, nachdem mein Vorgänger sein Mandat aus persönlichen Gründen wieder niederlegte. So folgte für mich die zweite Legislaturperiode und Vorstandsmitglied der Wählergemeinschaft Hooge wurde ich auch. Diesmal war der Weg nicht ganz so holprig und so gab es auch keine Verstimmungen. Der Weg von der aufgelösten CDU in die neu gegründete WGH war unspektakulär.

Die Arbeit in den verschiedenen Gremien hat mich geprägt. Von Uwe und auch dem ein oder anderen Vertreter der »alten Garde« habe ich Werte mitgenommen. Zwar waren sie mir durchaus manchmal zu hart in ihrer Wortwahl, zu laut und zu forsch, aber dennoch hatte ich Respekt bezüglich ihres Engagements und ihres Umgangs miteinander. Sie waren alle mit Herzblut dabei und kämpften für ihre Ziele. Gerechtigkeit und die Identität mit ihrer Hallig standen ganz vorn. Uwe ist allen nicht nur wegen seiner zu knappen T-Shirts, die er auch im Winter trug, und seiner tief verwurzelten und manchmal auch aufbrausenden Verbundenheit zur Hallig in Erinnerung geblieben, sondern vor allem wegen seiner Gegenstimme.

»Einer muss ja dagegen sein«, sagte er stets, bevor eine Abstimmung einstimmig ausfallen konnte. Im Kern hatte er nicht unrecht. Es muss zumindest so lange diskutiert werden, bis alle sagen können, dass sie für eine Abstimmung bereit sind. Man kann nicht ohne ausreichend Informationen, ohne Abwägen, ohne die Betrachtung mehrerer Seiten abstimmen, bloß weil die Zeit einen vermeintlichen Druck aufbaut. Demokratie braucht nun mal Zeit!

Ende 2011 war bei der Wählergemeinschaft der Kampfgeist eingeschlafen und die Luft war raus. Gemeinsame Vorstellungen und Ziele waren entzweit und Verantwortung wurde hin- und hergeschoben. Der Vorstand zog daraus die Konsequenz und hat geschlossen das Mandat niedergelegt. Langsam, aber sicher löste sich die Wählergemeinschaft auf. Zuerst wollte auch ich daraufhin mein Mandat als Gemeindevertreterin niederlegen, aber die Kollegen überzeugten mich zu bleiben. Das gab mir doch noch einmal einen Schub, auch für den nächsten Schritt, der mit der folgenden Legislaturperiode ab 2013 bevorstand.

Es gab keine Opposition mehr, die SPD hatte nicht genug Mitglieder, eine Lösung musste her. Die SPD öffnete ihre Liste für Parteilose und das waren ein Kollege und ich aus der ehemaligen Wählergemeinschaft. Mein unkonventioneller Weg durch die Parteilandschaft war wieder Gesprächsthema, aber die bürokratischen Schwierigkeiten brachten wesentlich mehr Unmut. Da blieb es letztendlich nicht aus, dass keiner mehr richtig durchstieg. Die gesamte Wahlvorbereitung und die eigentliche Wahl standen unter keinem guten Stern, es herrschten Verunsicherung, Unklarheit und Missverständnisse. Kein guter Start in meine dritte Legislaturperiode und das sollte sich auch nicht ändern.

»Ehrenamtlich tätige Bürgerinnen und Bürger haben ihre Tätigkeit gewissenhaft und unparteiisch auszuüben.« So lautet die Kernaussage des Eids, der zum Amtsantritt geleistet wird. Mit jedem Jahr habe ich ein bisschen mehr dazugelernt und erfahren, was sich alles hinter diesem nüchternen Satz verbirgt. Auch habe ich Situationen erlebt, die man nicht ändern kann, sondern einfach aushalten muss, aber aus denen man für die Zukunft lernt. Ich weiß nicht, ob ich mich noch einmal für eine Wahl aufstellen lassen würde, aber ich weiß, dass mich die bisher gemachten Erfahrungen bereits Halligleben lehrten und auch einschneidend prägten.

## KAPITEL 8

# *Von der kleinen in die weite Welt*

In den ersten acht Jahren seit meinem Umzug nach Hooge war unglaublich viel in meinem Leben passiert. Von München auf die Hallig. Von einer vermeintlich gesicherten Zukunft mit einer eigenen Familie zurück in den Haushalt der Eltern. Von der Angestellten in einem Weltunternehmen wieder auf die Schulbank. Von einer Männerdomäne in die Landfrauenschule – der Schritt auf der Karriereleiter nach oben sieht im Allgemeinen anders aus. Karriere auf einer Hallig machen hört sich eh schon recht merkwürdig an, aber die Richtung, die ich einschlug, war tatsächlich mehr als fragwürdig. Das lag auch daran, dass das Thema Karriere für mich lange nicht definiert war. Das Einzige, was für mich klar war, lautete: Vollgas! Und das gab ich auch. Je mehr ich an meiner Entscheidung zweifelte, desto mehr arbeitete ich. Verdrängen nennt man das.

Natürlich kamen in den ersten Jahren Zweifel auf, ob mein Schritt auf die Hallig richtig war. Ich würde lügen, behauptete ich das Gegenteil. Auf meinen vielen Touren mit dem Motorrad während meiner Münchner Zeit hatte ich mir beigebracht, spontan zu sein. Das fiel mir nicht immer leicht. Je öfter ich aber unterwegs war, desto mehr genoss ich Spontanität und vor allem Freiheit. Nach dem Feierabend am Flughafen entschied ich jeden Tag aufs Neue, ob ich den kurzen oder den langen Weg nach Hause nehmen würde. Ob ich allein fahren oder ob ich auf einen Kollegen warten würde, um mit ihm gemeinsam eine Tour zu unternehmen. Nicht selten kam es vor, dass ich erst spät abends zu Hause war. Manchmal kam auch ein Besuch dazwischen und ich blieb über Nacht bei Freunden.

Mit meinem Umzug nach Hooge musste ich diese Freiheit wieder aufgeben. Das fiel mir ganz und gar nicht leicht. Noch dazu, da besonders im ersten Jahr meine ehemaligen Arbeitskollegen sehr an mir zogen. Der Kontakt war immer noch eng, der Wunsch, dass ich zurückkommen würde, präsent. Mein damaliger Chef hielt mir meinen Posten ein Jahr lang frei, um mir die Chance zu geben, über meine Entscheidung in Ruhe nachzudenken. Hätte ich nach einem Jahr zurückkommen wollen, wäre das möglich gewesen. Dass er das für mich getan hat, werde ich ihm nie vergessen!

Es gab Momente, da wollte ich wieder zurück. Momente, in denen ich mit meinem Liebeskummer nicht klarkam. Momente, in denen es Diskussionen mit meinen Eltern gab. Momente, in denen ich Sehnsucht nach meinen Motorradtouren und nach meinen Freunden hatte. Oft griff ich zum Telefon und sprach mit Freunden und sagte ihnen, dass ich es nicht schaffen würde, das Leben auf der Hallig. So saß ich lange zwischen den Stühlen. War hin- und hergerissen zwischen meiner alten Heimat und der Hallig, all dem Vertrauten und dem Neuen. So stürzte ich mich in die Arbeit und in neue Bekanntschaften.

Anfangs habe ich auf der Hallig viel unternommen. Zu der Zeit gab es in den Sommermonaten samstags noch die Disco auf der Backenswarft. Wenn der Restaurantbetrieb im Friesenpesel eingestellt war, wurden Tische und Stühle in die Ecken geschoben, der Musikschrank geöffnet und CDs aufgelegt. Disco auf Hooge – sie war legendär! Wenn das letzte Lied verklungen war, die Stimmung aber noch nicht, trafen wir uns manchmal bei dem einen oder anderen in der Küche und aßen noch gemeinsam Spiegeleier. Es kam auch vor, dass wir mit der Fähre, die damals über Nacht zwischen der letzten und der ersten Tour auf Amrum liegen blieb, auf die Nachbarinsel fuhren. Dort stand dann ein Besuch in einer der Kneipen an oder es gab eine Strandkorbhallen-Party in einer der großen Hallen, in denen die Strandkörbe während der Wintermonate eingelagert werden. Im Sommer sind sie leer und eignen sich hervorragend für Partys. Irgendetwas ging immer. Ein Spieleabend in großer Runde oder Lagerfeuer am Seglerhafen – Langeweile gab es nicht. Auch in meiner Schulzeit auf dem Festland bestanden enge Kontakte. Wenn Freunde auch nur über das Wochenende auf Hooge waren, fuhren wir in einer kleinen Clique am Sonntagnachmittag gemeinsam zurück ans Festland. Ein Besuch auf der Hamburger Hallig, bei einem Freund im Hallig-Kroog, dem gemütlichen Gasthaus mit direktem Blick auf die Nordsee, oder in einem Café in Husum waren stets ein schöner Ausklang.

Ein Jahr nachdem ich meinen Abschluss zur staatlich geprüften Wirtschafterin in der Tasche hatte und auf die Hallig zurückgekehrt war, stand eine neue Entscheidung an. Eine ganz andere Entscheidung, eine, die mein Körper einforderte. Den Mut, zurück nach München zu gehen, brachte ich nicht auf.

Also blieb ich, trotz aufkommender Zweifel. Das Existenzgründungsseminar in Flensburg hatte ich erfolgreich abgeschlossen, ich war plötzlich in der Kommunalpolitik aktiv und hatte nach und nach immer mehr Aufgaben im Haus meiner Eltern übernommen. Eine Zeit lang hatte ich einen Nebenjob bei der damaligen Pächterin des Halligkaufmanns, dem Tante-Emma-Laden auf der Hallig. Beim Halligkaufmann gibt es alles, was man für den täglichen Bedarf braucht: frische Brötchen (in den Sommermonaten), Milch, Käse, Wurst, Obst, Gemüse, Getränke, Tiefkühlwaren, Zeitschriften und Tageszeitungen (nach Ankunft der Fähre). Auch können Feriengäste hier Bestellungen aufgeben, die dann mit der Versorgungsfähre, die in den Sommermonaten zweimal täglich und im Winter einmal täglich (außer montags und mittwochs, da haben wir gar keine Fährverbindung) anlegt, auf die Hallig gebracht werden.

Mit der Zeit gab es immer mehr Arbeit und weniger Freizeitvergnügen. Das kam nicht sonderlich gut an. Freunde warfen mir vor, dass ich mich mehr um die Arbeit kümmere als um unser Miteinander. Als meine Mutter 2003 endgültig nach Husum zog, um sich dort um ihre Mutter zu kümmern, die allmählich immer mehr Hilfe brauchte, übernahm ich schließlich ganz die Leitung des Hauses am Landsende. Mein Stiefvater pendelte noch zwischen Hooge und Husum. Ich nahm meine neue Selbstständigkeit sehr ernst. Freizeit stand ganz hinten an und innere Zweifel wurden mangels Zeit für Klärung einfach verdrängt.

Wenn mir mal die Decke auf den Kopf fiel, schnappte ich mir meinen Hund Chico und fuhr mit der Fähre nach Amrum. Dort machten wir einen großen Spaziergang über den Strand, anschließend durch den Wald, in dem ich aufatmen konnte! Neben den Bergen vermisse ich nämlich den Wald auf der

Hallig. Wer an der Isar seine Kindheit und Jugend verbracht hat, braucht ab und zu das Rauschen der Bäume, das Rascheln des Laubs, den moosigen Geruch und vor allem alles zusammen mit dem Plätschern des Wassers. Ein anderes Mal fuhr ich mit einem der Ausflugsschiffe mit. Das Ziel war mir egal, Hauptsache raus und Wind um die Nase spüren. Das war zwar nur ein kleiner Trost, aber es war in dem Moment ein Ersatz für eine Tour, die ich sonst mit meinem Motorrad gemacht hätte.

Mit der Zeit wuchsen die Verantwortung für den Betrieb und auch der Druck bezüglich der Zukunftsgedanken. Immer wieder schlichen sich die gleichen Fragen ein: Wie soll ich nur auf Dauer von zwei Ferienwohnungen leben? Wie soll ich das langfristig schaffen? Ein altes Haus, zwei Ferienwohnungen, ein Haushalt, ein Garten, ein Hund und die Kommunalpolitik. Meine Tage waren ausgefüllt. Ursprünglich nahm ich mir vor, einmal im Jahr nach München zu fahren. Das klappte nach dem vierten Jahr schon nicht mehr. Urlaub war nicht drin.

Nach acht Jahren kam die Quittung. Die Luft war raus, die Kraft am Limit. Zweifel kamen wieder auf. Ich sprach mit meinem Hausarzt über die Situation. Ich gefiel ihm gar nicht. Er wollte mich zur Kur schicken, ein Eilantrag war schnell gestellt. Ich war gespannt, wo ich meine Kur würde verbringen können. Vielleicht in den geliebten Bergen? Dem Eilantrag wurde stattgegeben. Erwartungsvoll riss ich den Umschlag auf, als der Postbote ihn mir ins Haus brachte. Die wenigsten Halligbewohner haben einen Briefkasten. Unser Postbote legt die Briefe und Päckchen meistens im Hausflur ab oder übergibt sie persönlich.

»Wir freuen uns, Ihnen mitteilen zu können, dass wir auch einen Platz für Sie gefunden haben. Wir erwarten Sie Mitte April auf Föhr!«

Auf Föhr?! Zur Kur? Das konnte doch nur ein Scherz sein! Allen Ernstes schlug man mir vor, dass ich um die Osterzeit auf der Nachbarinsel Föhr eine fünfwöchige Kur antreten sollte. Ich! Auf Föhr! Man ging davon aus, dass ich dort, rund sechs Kilometer Luftlinie entfernt, bei schönem Wetter mit Sicht auf die Hallig die Füße hochlegen und mich entspannen könnte. Ausgerechnet ich! Ich malte mir schon aus, wie ich mich morgens zur Fähre wegschleichen würde, um rechtzeitig zum Gästewechsel auf der Hallig zu sein. Nein, das ging nun wirklich nicht.

Auf meine Ablehnung folgte die zweite Bewilligung, diesmal für einen Aufenthalt im Schwarzwald. Im Kuvert lag ein Hausprospekt der Klinik. Das war keine gute Idee, denn die bevorzugte Patientenschaft war augenscheinlich die Generation Ü60. Die Bilder motivieren eine Anfang-Dreißigjährige nicht gerade, auch wenn die Landschaft um die Klinik herum wirklich wunderschön zu sein schien. Aber auch in diesem Fall kamen sofort Überlegungen bei mir auf, die nicht mit den im Prospekt aufgezeigten Möglichkeiten d'accord gingen. Viel mehr fragte ich mich, wo wohl der nächste Motorradverleih sei und welche Strecken die schönsten wären, auf denen ich zu Freunden, die dort in der Nähe wohnten, fahren könnte. Ein zweites Mal wollte ich mich nicht über die Auswahl der Klinik beschweren. Aber dorthin wollte ich auch nicht. Auf gar keinen Fall! Was tun, wenn aber doch eine Auszeit erforderlich ist?

Da kam mir ein Gedanke in den Sinn, den ich bis dato nur als Traum gehegt hatte. Tief in mir gab es die Sehnsucht nach einem Land, das ich unbedingt kennenlernen wollte: Neuseeland. Dass das jemals geschehen würde, hatte ich eigentlich nie wirklich geglaubt, aber zu diesem Zeitpunkt fühlte es sich so an, als ob es jetzt so weit sein sollte. Daher bat ich meine Eltern, mich für drei Monate auf Hooge zu vertreten. Eine kürzere Auszeit würde keinen Sinn machen. Und wenn ich schon ans andere Ende der Erde fuhr, dann wollte ich auch das Möglichste herausholen. So kam es, dass ich mich Mitte 2008 gegen Föhr und den Schwarzwald entschied und mich stattdessen auf die Planung für Neuseeland einließ. Im Januar 2009 ging es los. Es war eine Auszeit, die besser hätte nicht sein können.

Selbst auf dieser Reise spielte der enge Kontakt zu meinen ehemaligen Münchner Kollegen eine Rolle. Einer von ihnen lebte zu der Zeit in China. Also plante ich ein paar Tage Hongkong und im Anschluss Haikou ein. Nach insgesamt einer Woche ging es weiter auf die Insel der langen weißen Wolke. Ich war noch nicht durch die Passkontrolle durch, da fühlte ich mich in Neuseeland schon wie zu Hause, obwohl dieses Land völlig fremd für mich war. Es war ein Gefühl, das ich bis dahin nur von Hooge kannte: Ankommen und Dasein. Die Kontrolleure guckten freundlich und hießen mich herzlich willkommen und es fühlte sich tatsächlich so an, als ob sie es ernst meinten. Was für ein schöner Empfang. Eine spannende Zeit begann, über die ich gut ein weiteres Buch schreiben könnte. Nach drei Wochen schlich sich allerdings ein bisschen Heimweh ein, denn ich wusste ja genau, was auf Hooge im Februar los war. Biikebrennen stand vor der Tür. Freunde waren im Haus. Chico fehlte mir. Als mir meine Eltern aber am Telefon sagten, dass das Wetter furchtbar sei und sie das nasseste Biikebrennen aller Zeiten erlebten, ging es mir schon gleich viel besser. Schließlich war ich mitten im Sommer, lief kreuz und quer durch die Straßen, wanderte durch Parks und beobachte Delfine vom Boot aus. Im Nationalpark Te-Urewera standen plötzlich Wildpferde mitten auf der Straße und am Karfreitag war ich die Erste auf dem Vulkan Rangitoto, weil ich schon mit der Early-Bird-Fähre losgefahren war und so eine unbeschreibliche Atmosphäre erleben durfte. Sehr bald war das Heimweh vergessen und ich konnte mich voll und ganz auf meine Auszeit einlassen. Ruhe kehrte ein, regelmäßiger Sport stand an und die Ausgeglichenheit war wiederhergestellt. Ich spürte, was mir wichtig war, und mein Blick für das Wesentliche war wieder geschärft. Es gab so vieles zu entdecken und zu erlaufen – was für ein wunderschönes Land. Wenn mich jemand fragt, was denn an Neuseeland so schön sei, kann ich es gar nicht in Worte fassen. Es ist das Gesamtpaket. Die Offenheit und Mentalität der Menschen, das Gefühl. Die Weite. Und spätestens jetzt weiß jeder, der die Hallig liebt, wovon ich rede. Ja, Neuseeland und Hooge sind vergleichbar. Nicht unbedingt die Größe und der Menschenschlag, aber das Land an sich und das Gefühl, das man dort empfindet. Ankommen und Dasein.

Wenn auch leider nur in Gedanken, so ist Neuseeland ein zweites beziehungsweise drittes Zuhause für mich geworden. Ich konnte auftanken, meine Gedanken wieder sortieren und vor allem zu Kräften kommen. Auch habe ich wunderbare Kontakte geknüpft. Inzwischen hatte ich sogar ein befreundetes Ehepaar zu Besuch auf Hooge. Nach Neuseeland fliegen kann ich leider noch seltener als nach München fahren. Trotzdem sind beides für mich Sehnsuchtsorte geworden, die mir, schon wenn ich an sie denke, ein Lächeln ins Gesicht zaubern und mir immer wieder Mut und Kraft schenken.

## KAPITEL 9

# Neue Seiten entdecken

Manchmal zieht sich der Winter unglaublich in die Länge. Im März kann es noch einmal schneien und auch der eisige Ostwind bringt zwar häufig schönes Wetter mit sich, aber auch eisige Luft, die sogar im Haus zu spüren ist. In meinem Büro, das in einem der nach Osten gelegenen Räume liegt, sitze ich daher in den Wintermonaten des Öfteren in eine Decke eingewickelt am Schreibtisch und mache zum Beispiel die Monatsabrechnung für die Steuer fertig. Das Thema an sich ist schon wenig herzerwärmend, aber unter diesen Wetterbindungen noch weniger.

Wenn ich so dick eingemummelt durch das Fenster auf die kahle, vom Wind gebeutelte Hecke blicke, finde ich das Halligleben manchmal ziemlich anstrengend. Es ist drinnen gefühlt genauso kalt wie draußen, Farben und Stimmung sind gedeckt, ein spontanes Treffen mit Freunden in einem gemütlichen Café auf dem Festland ist aufgrund des eingeschränkten Fährverkehrs nicht umsetzbar. In einer solchen Situation fiel mir einmal ein Artikel ein, der ein paar Tage zuvor in der hiesigen Tageszeitung stand. Gesucht wurden Frauen, die in Nordfriesland leben. Es ging um einen Autorinnenwettbewerb und es wurde nach autobiografischen Kurzgeschichten zur Entscheidung für das Landleben gefragt. Frauen, die sich für ein Leben auf dem Land, einer Insel, einer Hallig entschieden hatten, sollten in ihrer eigens verfassten Kurzgeschichte darüber berichten. *Spannend*, dachte ich damals, obwohl meine Laune in diesem Moment nicht unbedingt die beste Muse für eine Geschichte war, in der die Entscheidung, von München auf eine Hallig zu ziehen, positiv dargestellt werden sollte.

Anfangs tat ich mich schwer, einen roten Faden zu finden, und die Erkenntnis, dass ich eigentlich gar nichts zu erzählen habe, überwog. Die Dinge, die ich erlebe, erleben andere Menschen auf dem Festland auch. Auf der anderen Seite muss es aber etwas Besonderes geben, denn sonst wären die Menschen nicht so erstaunt, wenn sie meine Geschichte hören. So fing ich an, all die Fragen, die mir häufig gestellt werden, aufzuschreiben, und kam auf die Idee, ein Interview zu entwickeln. Von da an lief es gut, denn die Antworten lagen auf der Hand. Ich versetzte mich in die Situation derer, die zum ersten Mal auf einer Hallig sind. Die zum ersten Mal mit einer endlosen Weite und Ruhe im Überfluss konfrontiert werden. Das Leben auf dem Festland ist häufig hektisch, laut, konsumorientiert und oberflächlich. Zeit und Raum für Müßiggang kommen zu kurz oder werden von Dritten skeptisch betrachtet. Nichtstun? In den Himmel gucken? Die Stille hören?

»Na, du musst ja Zeit haben« oder »Wer kann sich das denn noch leisten?« sind Antworten, die zu hören sind, wenn man dabei »erwischt« wird. Dabei sind das Tätigkeiten, die für unseren Körper, für das Wohlbefinden, für unsere Augen und das Gehirn unglaublich wichtig sind. Depressionen und Burnout gelten nicht mehr als Modeerkrankungen. Sie kommen nicht von ungefähr und sind ernst zu nehmen. Natürlich ist absoluter Verzicht keine realistische Alternative. Es können auch nicht alle aufs Land oder sogar auf eine Hallig ziehen, um gesellschaftlichen Zwängen zu entfliehen. Aber es ist an der Zeit, sich öfter mal bewusst etwas Gutes zu tun und die Sinne wieder zu schärfen. Das war mein roter Faden.

So entstand schließlich meine erste Kurzgeschichte, die sogar prämiert wurde. Sie wurde zusammen mit neun weiteren ausgewählten Geschichten in einem Buch veröffentlicht. Es heißt *Zwischen Landluft und Sehnsucht* und ist im Verlag Ahead and Amazing erschienen. Meine Geschichte trägt den Titel *Tausche Berggeflüster gegen Meeresrauschen – Ein Interview mit Katja Just*. Ich hätte vorher nie gedacht, dass ich einmal darüber schreiben würde, warum ich mich für Hooge entschieden habe, und vor allem, dass diese Geschichte in einem Buch veröffentlicht werden würde.

2012 meldete sich zum gleichen Thema das SWR Fernsehen bei mir. Wieland Backes lud mich in seine Talkrunde *Nachtcafé* ein. Ich war völlig aus dem Häuschen. In der Sendung zum Thema »Lust aufs Land – Zwischen Traum und Enttäuschung« sollte diskutiert werden, was dran ist an der Landlust und ob das Leben auf dem Land wirklich so erstrebenswert ist. Die Einladung auf das Schloss Favorite in Ludwigsburg war eine einmalige Erfahrung. Hätte mir vorher jemand gesagt, dass ich einmal bei Wieland Backes zu Gast sein würde, um mit ihm über das Leben auf einer Hallig zu diskutieren, hätte ich wahrscheinlich angefangen laut zu lachen. Ich wurde gefragt, ob ich die Hooger Tracht tragen würde. Gern habe ich zugestimmt. So war ich in der Sendung zwar »die Münchnerin«, die auch ein bisschen sehnsüchtig von ihrer alten Heimat gesprochen hat, aber ich war definitiv als Halligbewohnerin im Studio und habe mich dazu bekannt, dass Hooge meine Wahlheimat ist. Daher war es für mich klar und auch Ehrensache, dass ich die Tracht der Hallig repräsentierte. Diese Tracht gehört zum Leben auf dem Land, zum Leben auf der Hallig, sie ist ein Teil der Geschichte, vor allem ein Teil der Geschichte der Hooger Frauen. Ich habe sie an diesem Abend mit Stolz getragen, obwohl es unerträglich warm unter dem schweren Stoff war.

Nach dieser TV-Talkrunde bekam ich sehr viel Post. Die Absender bezogen sich häufig auf die Tracht. Ein Brief ist mir besonders in Erinnerung geblieben. Er kam aus Estland von einem »Exil-Friesen«, wie er sich selbst nannte. Er schrieb mir, dass er beim Anblick der Tracht an seine Großmutter denken musste, »die eine echte Friesin war, auf Föhr lebte und ihre Tracht immer zu besonderen Anlässen trug«. Er erzählte mir von seinen Erinnerungen und endete mit den Worten: »Sie dürfen die Tracht tragen, auch wenn Sie keine gebürtige Friesin sind.« Das berührte mich und ich war dankbar für diese »Auszeichnung«. Sind die Hallig- und Inselmenschen doch sehr mit ihrer Heimat verbunden und legen großen Wert darauf, dass man ihrer Geschichte mit Respekt begegnet. So ist es gerade für Zugereiste nicht immer leicht, diesem Anspruch gerecht zu werden. Aber eben das habe ich mir von Anfang an auf die Fahne geschrieben, als ich mich für ein Leben auf Hooge entschied. Ich respektiere die Geschichte und ich will mich daran beteiligen, sie lebendig zu halten. Manchmal auch durch das Tragen einer traditionellen Tracht. Mit den Worten aus

Estland habe ich das Signal bekommen, dass ich einen guten Weg gefunden habe.

Einige Monate später gab es eine weitere Premiere für mich. Ich wurde gefragt, ob ich für ein Interview für ein Buch zur Verfügung stehen würde. Der Herausgeber selbst hatte dafür bei mir angerufen. *Inselstolz* wurde schließlich der Titel des Buches, das 2013 erschien. In diesem Buch erzählen 25 Menschen ihre persönliche Geschichte rund um ihren Lebensmittelpunkt an beziehungsweise in der Nordsee. Alle Beteiligten leben entweder auf einer Insel oder einer Hallig. Die Buchpräsentation fand während einer viertägigen Kreuzfahrt auf der Nordsee statt. Der Schauspieler Axel Prahl, bekannt aus dem Münsteraner *Tatort*, war dabei und las dem Publikum im Rahmen des Abendprogramms einige dieser Geschichten vor. Es war spannend und merkwürdig zugleich, als er zu meiner Geschichte kam. Ich hatte bis dahin meine Geschichte zum einen noch nie vorgelesen bekommen und zum anderen erst recht nicht mit einer Männerstimme. Er machte das ganz wunderbar. Inzwischen wird diese Buchreise erfolgreich wiederholt. Jedes Jahr ist der Verlag mit diesem Buch auf See und in den Heimathäfen Helgoland, Borkum und Sylt zu Besuch. So wurde meine Geschichte inzwischen auch von dem wunderbaren Schauspieler Dietmar Bär vorgelesen. Ich habe mich immer noch nicht daran gewöhnt, gebe aber zu, dass es in jedem Jahr ein Höhepunkt für mich ist, mit dem inzwischen zu Freunden gewordenen Team über die Nordsee zu schippern und von dieser unserer Heimat zu erzählen.

Im Juni und im August 2013 folgten zwei weitere Auftritte im Fernsehen, diesmal beim NDR. An einem Abend saß ich unter anderem zusammen mit Choreograf Jorge

Gonzalez, TV-Anwalt Ingo Lenßen und den Moderatoren Barbara Schöneberger und Hubertus Meyer-Burckhardt in der NDR-Talkshow. Bunter kann eine Gästerunde kaum sein. Noch dazu, da ich wieder die Hooger Tracht trug und neben Jorge Gonzalez saß, dem kubanischen Energiebündel, der auf einer geradezu schwindelerregenden Absatzhöhe so sexy und lässig über den Laufsteg geht, dass jede Frau vor Neid erblasst. Es fiel mir schwer, mich auf die Fragen der Moderatoren zu konzentrieren, aber ich habe mich in keinem Moment unwohl gefühlt. Ganz im Gegenteil!

Mit TV-Moderatorin Bettina Tietjen habe ich zusammen am Herd gestanden und während der Sendung *DAS* ein Spaghetti-Queller-Gericht zubereitet. Dieses stammt ursprünglich von einem Freund von der Insel Baltrum, dessen Geschichte ebenfalls im Buch *Inselstolz* zu lesen ist. Bis dato kannte ich die Kombination von italienischen Nudeln und dem friesischen Salzwiesengewächs auch noch nicht, aber das Rezept hat mich überzeugt. Die Sendung war viel zu kurz, um auf alles intensiv einzugehen, was wir gern bereden wollten. Das Team war toll, die Stimmung war mehr als nur angenehm und kurz vor Ende gab es noch eine Überraschung für mich. Bettina Tietjen fragte mich, was ich denn am meisten vermissen würde und ob es etwas gäbe, das ich für mein Leben auf der Hallig aufgeben musste. Während dieser Fragen gingen wir bei laufender Kamera durch das Studio und standen auf einmal draußen und da stand sie: eine schwarze BMW, eine etwas größere Maschine als die, die ich früher in München fuhr. Frau Tietjen meinte, gehört zu haben, dass mir das Motorradfahren fehlte, und daher dachte man sich, mir damit eine Freude zu machen. Am nächsten

Morgen sollte ich das Motorrad aber bitte wieder abgeben. Dieser Moment war unbeschreiblich schön und aufregend und eine Runde auf dem Gelände musste sofort sein. Eine tolle Überraschung! Bevor ich auf die Hallig zog, waren Fahrten mit dem Motorrad für mich der Inbegriff von Freiheit. Vergleichbar mit dem Gefühl, auf dem Gipfel eines Berges zu stehen oder auf meiner Auffahrt auf der Ockenswarft zu sitzen und den Moment mit allen Sinnen aufzusaugen und zu genießen. Ein echtes Glücksgefühl.

Die Menschen, die ich im Rahmen dieser Buchpräsentationen und Sendungen kennenlernte, waren spannende Persönlichkeiten, witzige Prominente, tolle Gesprächspartner und vor allem eins: interessiert! Die Halligen strahlen eine Anziehungskraft aus, die im Grunde nur mit einem Wort zu beschreiben ist: Sehnsuchtsort. Bei den einen ist es die Neugierde (»Was macht man die ganze Zeit auf so einer Hallig?«), bei anderen geht es schon tiefer, die möchten etwas über die Gefühle wissen, die man zum Beispiel während eines Landunters empfindet. Und wiederum andere empfinden tatsächlich die Sehnsucht, einen Ort der Ruhe zu finden. Ich habe inzwischen das Gefühl, dass ich zu einer Art Repräsentantin für einen solchen Sehnsuchtsort geworden bin. Eine wunderbare Aufgabe, die ich auch mit Leidenschaft erfülle. Ich empfinde es als Geschenk, an einem Ort leben zu können, der auf andere Menschen solch eine Wirkung hat. Die Halligen sind einmalig auf der Welt. Ich bin mit Leib und Seele Gastgeberin geworden, erzähle gern meine Geschichte und freue mich, wenn ich auf die Halligen aufmerksam machen kann und manch einen auch wieder für die Natur sensibilisiere. Dass ich das einmal mit so viel Leidenschaft machen würde, hätte ich früher selbst nicht von mir erwartet, denn trotz alledem vermisse ich manchmal meine Heimat München. Aber ich habe mich dazu entschieden, meinen Lebensmittelpunkt auf der Hallig einzurichten, und das ist auch gut so, denn so habe ich neue Seiten von mir kennengelernt.

## KAPITEL 10

# Tante Magdas Tracht und die Ringelgänse

Wenn sich im Frühjahr riesige Schwärme von Ringelgänsen auf den Halligen niederlassen, um sich für die lange, kräftezehrende Reise in ihre Brutgebiete in Sibirien zu stärken, werden sie von den Halligbewohnern auf besondere Art und Weise gefeiert. Die Ringelganstage sind inzwischen eine feste Institution und alle Halligen sind daran beteiligt. Vor allem zum diesjährigen Jubiläum der 20. Ringelganstage ist das Programm bunt und findet nicht nur auf Hooge und Langeneß statt, sondern beispielsweise auch auf der Hamburger Hallig, die ja für Kurzentschlossene auch spontan über den Damm zu erreichen ist. So gibt es mehrere Veranstaltungsorte und Möglichkeiten, über den Hauptakteur, die Ringelgans, Wissenswertes und interessante Geschichten zu erfahren. Aber auch die Gastronomie, die Hooger Theatergruppe, die Langeneßer Akkordeongruppe und sogar der Gottesdienst in der Hooger Kirche tragen zur guten Stimmung bei. Ebenso ist die Auszeichnung der Gewinner des Malwettbewerbs spannend, denn das Siegerbild gestaltet die Werbeplakate und -postkarten für die Ringelganstage im daraufffolgenden Jahr. An diesem Wettbewerb können Schülerinnen und Schüler aus Nordfriesland teilnehmen.

»Immer auf den Hintern gucken« ist eine reizvolle Aufforderung, gan(s)z genau hinzusehen und -zuhören. So machte vor Jahren einmal ein Vogelfreund auf die Ringelganstage aufmerksam, die jedes Jahr Mitte April bis Anfang Mai stattfinden. Auch in Hinblick darauf, dass es nicht nur für Ornithologen, sondern auch für Landwirte durchaus interessant ist, was hinten rauskommt. Die Idee der Ringelganstage wurde zwar auf dem Festland geboren, aber bis diese Idee im wahrsten Sinne des Wortes auch Flügel bekam, dauerte es eine Weile. Alles fing auf einem Seminar in Husum an. Mitarbeiter des Nationalparkamtes und Akteure aus dem Tourismus kamen zusammen. Die Aufgabe lautete, Ideen zu entwickeln, die die Region für Urlaubsgäste attraktiver machen und den Beginn der Sommersaison nach vorn ausdehnen sollten. Beide Seiten wollten davon profitieren. Ende der Neunzigerjahre eine Herausforderung, denn bis dahin plante und wirtschaftete jede Seite nur innerhalb des eigenen vertrauten Rahmens. Das Interesse an diesem Seminar war groß. Von den Halligen, um genauer zu sein, von Hooge, gab es aber nur zwei Gesandte. Ein Kapitän und Reeder eines hiesigen Ausflugsschiffs, das zwischen Hooge und dem Festland verkehrt, und meine Mutter.

Mit neuen Ideen konnte man damals selten jemanden auf den Halligen zur Mitarbeit gewinnen. Bringen neue Ideen doch auch Veränderungen mit sich und Veränderungen sind immer so eine Sache. Hinzu kam die Tatsache, dass die Ringelgänse immer schon in Verruf waren, nur Schaden auf den Halligen anzurichten, da ihr Kot ätzend und die Fraßschäden immens seien. Jetzt ging es aber darum, aus der Not beziehungsweise dem Ärgernis eine Tugend zu machen. So blickten anfänglich 15 bis 20 »Gänseprofis« Richtung Kanada, wo es schon längst etwas Vorbildliches gab. Ein Mitarbeiter des Naturschutzes kam gerade von einem Aufenthalt auf den Vancouver Islands zurück und berichtete nun in Husum vom dortigen »Brant Wildlife Festival«, bei dem die Kanadier den Zwischenstopp der Ringelgänse in ihrer Region mit einem großen Volksfest feiern. Ähnliches sollte jetzt auch in Nordfriesland umgesetzt werden. Auf der einen Seite galt es, die Ringelgänse populärer zu machen, auf der anderen Seite sollte aber auch die Haupterwerbsquelle auf den Halligen, der Tourismus, daraus Gewinn erzielen. Mit unermüdlichem Einsatz gelang es meiner Mutter, zumindest einige der anfangs skeptischen Hooger Gastronomen für die Ringelganstage zu gewinnen. Letztendlich beteiligten sich so viele Akteure vor Ort, dass für zwei Tage ein buntes Programm ausgearbeitet wurde. Auch der Fremdenverkehrsausschuss war an Bord. Mein Stiefvater war zu dieser Zeit der erste Vorsitzende und konnte die Mitglieder davon überzeugen, dass sich die Zusammenarbeit von Naturschutz, Landwirtschaft und Tourismus lohnt.

»Entscheidend ist, was hinten rauskommt«, brachte es Dr. Hendrik Brunckhorst, Pressesprecher beim Landesbetrieb für Küstenschutz, Nationalpark und Meeresschutz Schleswig-Holstein, bei der Vorstellung des Konzepts vor Presse, Funk und Fernsehen auf den Punkt. Der Grundstein für eine letztendlich nachhaltige Zusammenarbeit zwischen dem Nationalparkamt, dem WWF, der Schutzstation, dem Tourismus und den Halliggemeinden war gelegt und die Ringelganstage fanden 1997 zum ersten Mal statt.

Heute sind die Ringelganstage eine halligübergreifende Erfolgsgeschichte. Inzwischen ist die Eröffnungsfeier eine

Veranstaltung, die sich nicht nur Gänse- und Naturliebhaber dick in ihrem Kalender eintragen, sondern auch Leistungsträger, Politiker und sehr viele Personen, die zwar längst außer Dienst sind, aber an diesem Spektakel immer noch Freude und Interesse haben. Hatten sie während ihres Arbeitsverhältnisses oft Verpflichtungen, so sind es heute die Gänseschar, die Hallig und auch die Kontakte, die sich im Laufe der Jahre gefestigt haben, die sie nach Hooge locken. Es hat sich ein besonderer und familiärer Kreis um die Ringelgans gebildet, auf den ich mich alle Jahre wieder freue.

Bei den zweiten Ringelganstagen 1998 war ich bei meinen Eltern zu Besuch und so ergab es sich spontan, dass ich zu Repräsentationszwecken eine geliehene Halligtracht trug. Das kam bei den Gästen gut an, denn damals sah man diese Tracht so gut wie gar nicht mehr in der Öffentlichkeit. Im Jahr darauf waren wir zu zweit, dann zu dritt. Bei den vierten Ringelganstagen sah ich das erste Mal Tante Magdas Tracht, als ihre Schwiegertochter diese trug. Im Jahr darauf durfte ich sie tragen und dann auch bei den Tanzeinlagen, die zu den folgenden Feierlichkeiten von der kleinen Hooger Tanzgruppe dargeboten wurden.

Magda Boyens, von allen nur liebevoll Tante Magda genannt, war eine alte Hoogerin, wie sie im Buche steht. Ich habe sie in ihren letzten Lebensjahren kennengelernt, da war sie schon über achtzig Jahre alt. Eine kleine, zarte Frau, mit schneeweißen, feinen Haaren. Nur körperlich wirkte sie zerbrechlich. Sie war eine stolze, humorvolle Frau, die auf ein sehr bewegtes Leben zurückblicken konnte und trotz ihres Alters – oder gerade deswegen – immer noch ein echter Hingucker war und vor allem auch geistig auf Zack. Jeden Tag, bei Wind und Wetter, lief sie ihre festen Wege um die Hanswarft, eingehüllt in

Mantel und Kopftuch, den Gehstock immer mit dabei. Ich hatte nicht den Eindruck, dass sie ihn wirklich brauchte, sondern er ihr eher als Verlängerung für ihren Arm diente, um so noch weiter winken zu können, wenn sie jemandem begegnete. Vermutlich hat sie sich nicht immer alle Namen von den Menschen merken können, die ihr gegenüberstanden, aber sie begrüßte jeden so herzlich, dass man das Gefühl hatte, zu ihren Liebsten zu gehören. Dann strahlte sie, fragte, wie es einem ginge, und wollte dann auch wieder weiter. Tante Magda gehörte zu der Generation, die eine besonders große Lücke hinterlässt, wenn ihre Zeit gekommen ist. Gerade die alten Hooger leben zwar in Erzählungen weiter, denn häufig werden ihre Namen noch heute genannt, aber man kann sich von ihnen nicht mehr erzählen lassen, wie das Halligleben »damals« so war. Sie nehmen die alten Geschichten mit in ihr Grab, einen Teil der Vergangenheit einer besonderen, einer starken Generation von Hooge.

Tante Magda und ein paar andere Hooger Frauen hatten sich nach alten Vorlagen ihre eigenen Trachten geschneidert. Die Idee dazu hatte ihr Mann, der damals Bürgermeister auf der Hallig war. Diese Frauen hauchten den Trachten wieder Leben ein und trugen sie mit dem traditionell innerhalb der Familie weitervererbten Silberschmuck mit Stolz. Bedeutete es ihnen doch viel mehr, als einfach nur ein schönes Kleidungsstück zu tragen. Ein paar Jahre lang pflegten sie ihre Treffen und Ausflüge, gekleidet in ihrer auffälligen Halligtracht, bis dieser Brauch langsam wieder einschlief. Den großen Brustschmuck bekommt ein Mädchen zur Konfirmation und darf ihn ab diesem besonderen Tag tragen. Gibt es diesen nicht (mehr) innerhalb der Familie, wird er eingekauft. Filigran gearbeitete Silberknöpfe werden an den Ärmeln und im Halbkreis unter dem Brustschmuck befestigt. Die Anzahl der Silberknöpfe gab früher Auskunft über den Reichtum der Familie. An alten Ketten hängen auch Medaillen oder Münzen, die zu besonderen Anlässen verschenkt wurden. Darauf kann ein König, der letzte deutsche Kaiser oder auch ein Vers abgebildet sein. Vermutlich an allen friesischen Trachten findet man außerdem die kleinen silbernen oder goldenen Anhänger Kreuz, Herz und Anker. Diese Symbole stehen für Glaube, Liebe und Hoffnung. Bei den Schürzen gibt es unterschiedliche Farben. Die weiße wird nur zu hohen Festtagen getragen, aber dabei gilt es immer, die Rolle der Hauptperson (zum Beispiel der Braut) oder der Gastgeberin zu wahren. Diesen obliegt das Vorrecht auf die weiße Schürze. Sonntags oder bei Trauerfällen wird eine dunkle oder schwarze Schürze getragen. Heute gibt es Vereine, die diese Regeln streng einhalten. Das ist auch gut so, denn es wäre schade, wenn das Wissen um die Trachten verloren ginge. Auf Hooge stehen die, die heute wieder Trachten tragen, diesen Bräuchen allerdings ein bisschen offener gegenüber. Wenn wir alle so streng wären, hätten wir kaum eine Chance, noch eine vollständige Tracht auf Hooge zu haben. Bei unseren Stücken findet sich auch ein Schultertuch von Amrum oder eine Schürze von Föhr, die aus alten Beständen auf den Inseln stammen. In diesem Fall ist es durchaus von Vorteil, dass die Hallig- und Inseltrachten sehr ähnlich sind. In unserer Gruppe ist es vorrangig, dass die Trachten getragen und gelebt werden. Das ist auch der Grund, warum Tante Magdas Tracht letztendlich in meine Obhut kam.

Tante Magdas letzter Wille war es, dass ihre einzige Enkelin ihre Tracht erben sollte. Diese Enkelin wohnt aber nicht auf Hooge, noch nicht einmal mehr in Schleswig-Holstein. So hat diese mir angeboten, die Tracht für sie auf Hooge zu bewahren.

Wenn ich der Meinung sei, sie in Tante Magdas Sinne zu tragen, dürfe ich das tun. Dieses Angebot rührte mich sehr und ist bis heute einer der intensivsten Momente für mich auf Hooge. Jedes Mal, wenn ich diese Tracht trage, begleitet mich Tante Magda und das ist ein schönes Gefühl. Wenn ich dann von Menschen angesprochen werde, die mehr zu diesem Kleidungsstück wissen möchten, fange ich fast immer mit den gleichen Sätzen an: »Das ist Tante Magdas Tracht. Sie war eine alte Hoogerin, deren Tracht ich tragen darf.«

Auch wenn in den Medien immer mal wieder über unsere Ringelganstage und unsere Trachtengruppe berichtet wird, hätte Tante Magda es sich wahrscheinlich nicht träumen lassen, dass ihr gutes Stück es mal bis ins öffentlich-rechtliche Fernsehen schaffen würde, wie seinerzeit bei meinem Besuch im *Nachtcafé*. Aber ganz sicher hätte auch sie gern von der Landlust gesprochen und die Schnelllebigkeit auf dem Festland kritisiert. Ich glaube, wer sich bewusst für ein Leben auf dem Land oder sogar auf einer Hallig entscheidet, entscheidet sich gleichzeitig dafür, gewisse Lebensgewohnheiten anzunehmen. Es heißt nicht, bedingungslos Überzeugungen oder alt eingefahrene Rituale zu übernehmen, die als sogenannte Traditionen verkauft werden, nach dem Motto: Das war schon immer so! Es heißt aber, sich der neuen Region, der Kultur gegenüber zu öffnen und auch eigene Gewohnheiten gegebenenfalls in den Hintergrund zu stellen.

Übrigens: Es hat sich herausgestellt, dass der Kot der Ringelgänse gar nicht ätzend ist. Auch erhalten Halligbauern heute eine Ausgleichszahlung für den von den Gänsen verursachten Fraßschaden. Ob das nun angemessen oder gar ausreichend ist, daran scheiden sich die Geister. Die Ringelganstage haben jedenfalls ihren festen Platz im Hooger Jahreskalender.

## KAPITEL 11

# *Halligleben – mehr als nur eine Entscheidung*

Es gibt eine Generation von Hoogern, vor der ich meinen Hut ziehe. Zu dieser gehörten neben Tante Magda auch Theo und Ludwig, um drei Menschen zu nennen, die ich noch persönlich kennenlernen durfte. Theo wohnte gegenüber von meinem Haus. Selbst im hohen Alter sah er noch wie ein kräftiger Seebär aus. Er war gelernter Schiffsingenieur und fuhr viele Jahre zur See. Wer noch die US-amerikanische Familienserie *Die Waltons* aus den Siebzigerjahren kennt, erinnert sich bestimmt an den Großvater der Familie. So ähnlich sah Theo aus, sogar die blaue Latzhose hält dem Vergleich stand. Die wenigen Jahre, die ich ihn kannte, hat er für mich eine Opa-Rolle eingenommen. Damals kam ich noch zu Besuch zu meinen Eltern auf die Hallig und mein erster Weg führte mich meistens zu ihm und seiner Frau. Die beiden hatten immer etwas aus ihrem bewegten Halligleben zu erzählen.

Auch Ludwig, der mir vor allem wegen seiner freundlichen und lachenden Augen in Erinnerung geblieben ist und der als aktiver Küster der Halligkirche einen festen und wichtigen

Platz in der Halliggemeinschaft innehatte, gehört zu diesen Menschen. Ludwig war bei Wind und Wetter ausschließlich mit seinem Traktor oder auf dem Fahrrad unterwegs. Wenn manchmal Geschichten von früher erzählt werden, sieht man ihn vor dem geistigen Auge heute noch gemächlich über die Hallig fahren.

Sie alle stehen stellvertretend für Menschen, die für die Geschichte der Hallig in besonderem Maß prägend waren. Ich habe Respekt vor der Kraft, die sie für das eigene Überleben und den Wiederaufbau von Haus und Hof aufbrachten, wenn Stürme alles zerstört hatten. Dabei denke ich insbesondere an die Sturmfluten von 1962 und 1976. Das waren ganz andere Szenarien als die, die meine Generation bis jetzt erlebt hat. Im Jahr 2013 haben die schweren Winterstürme »Christian« und »Xaver« zwar eine beeindruckende Vorstellung gegeben, doch waren sie kein Vergleich mit den Sturmfluten, die die alten Hooger damals miterlebt und überlebt haben. Zum Glück gibt es noch Zeitzeugen, die sich an die schweren Sturmfluten erinnern, und es lässt einen klein und still werden, wenn sie von ihren Erfahrungen berichten. Wie sie sich teilweise am Schornstein auf dem Dach des Hauses festgebunden haben, um nicht von einstürzenden Mauern verschüttet oder schlichtweg vom Wind weggerissen zu werden. Ich versuche mir vorzustellen, wie es für mich wäre, wenn ich plötzlich mein Hab und Gut in den ersten Stock tragen müsste. Wo fängt man an, was bringt man zuerst in Sicherheit? Wenn dann noch Familie und Tiere zum Haushalt gehören, dann mag ich mir gar nicht vorstellen, wie groß die Angst sein muss, dass man nicht schnell genug alle und alles retten kann. Halligbewohner sprechen immer davon, dass sie im Eifer des Gefechts keine Angst empfinden, denn man hat eigentlich keine Zeit dafür. Dennoch glaube ich, wenn wir von Sturmfluten sprechen, die ein Ausmaß haben, das wir zum Glück seit rund fünfzig Jahren nicht mehr erleben mussten, dass dann Angst sehr wohl eine Rolle spielt und auch der unerschütterlichste Halligbewohner nervös werden würde.

Diese alteingesessenen Halligleute, egal, ob sie schon gegangen oder noch unter uns sind, sind ein ganz eigener Schlag, der in meinen Augen die Geschichte vor Hooge ausmacht. Es geht nicht nur um die Generation um die Jahrhundertwende, also die, die mit wenig Luxus und technischen Erleichterungen zurechtkommen mussten, sondern allgemein um Menschen, die sich bewusst dafür entschieden haben, auf einer Hallig zu bleiben und ein Leben ohne Strom und Leitungswasser – beides kam erst Ende 1950 und Ende 1960 nach Hooge – zu leben. Harte Arbeit in der Landwirtschaft und im Küstenschutz haben sie in Kauf genommen und vor allem das Meer, das sie vom Festland abgeschnitten hat. Regelmäßige Verbindungen gab es nicht, schon gar nicht innerhalb eines Tages. Die Reise von Hooge nach Husum dauerte mitunter drei Tage. Da überlegte man sich schon zweimal, ob diese Fahrt wirklich nötig war. Darüber hinaus war und ist die Nordsee unberechenbar. Sie gibt und nimmt unentwegt. Das Halligleben zu der Zeit unserer alten Hooger, also der Generation meiner Eltern und Großeltern, war immer noch rau und ursprünglich. Trotzdem, oder gerade deshalb, war die Verbundenheit mit ihrer Hallig intensiv. Das ist auch heute noch bei Halligleuten zu spüren. Entweder man liebt die Hallig oder man liebt sie nicht. Man kann hier nicht leben, wenn man dieses Eiland nicht erträgt, wenn man das Leben auf einer Hallig nicht aushält und kein Auge für die Einzigartigkeit dieses Lebensraums hat. Es gibt nur die Entscheidung: Hallig oder Festland. Auf dem Festland kann man wählen: Will ich auf dem Land oder in der Stadt wohnen? Will ich in einer Reihenhaussiedlung oder in einem Wolkenkratzer wohnen? Ziehe ich in eine andere Stadt, in ein anderes Land? So oder so, trotzdem bleibt man immer auf dem Festland. Ziehe ich aber von einer Hallig (oder natürlich auch einer Insel) weg, dann verlasse ich Halligland und das fühlt sich schlichtweg anders an. Nicht von ungefähr sprechen wir davon, dass wir auf den Kontinent oder zumindest auf das Festland fahren, wenn wir Behördengänge oder Arztbesuche erledigen oder zum Friseur fahren. Halligleute sind in der Regel froh, wenn sie abends wieder zu Hause sind. So geht es mir auch. So gern, wie ich ab und zu auf dem Festland bin, ich atme immer wieder tief durch, wenn ich zu Hause auf der Warft, in meinem Haus ankomme. Frei nach Loriot: Ein Leben ohne Hallig wäre möglich, aber sinnlos.

So kommt mir das Ehepaar Juliane und Peter Rickertsen in den Sinn, wenn ich über die Verbundenheit der Halligleute mit ihrer Heimat denke. Das erste Mal habe ich vor etwa zwanzig Jahren von den beiden gehört. Ein Freund musste in Ausübung seiner Tätigkeit als Gemeindearbeiter auf dem Friedhof ein Grab ausheben. Dabei stieß er auf die sterblichen Überreste der beiden, die immer noch auffällig eng beieinanderlagen. Sie mussten Hooge verlassen, weil sie aufgrund ihres Alters Haus und Hof nicht mehr allein bewirtschaften konnten. Sie wollten nicht gehen, aber die Realität ließ ihnen keine andere Wahl, sie mussten vernünftig sein. Sie zogen auf die Nachbarinsel Pellworm. Nicht weit weg (für heutige Verhältnisse), aber es war eben nicht ihre Hallig. Sie hielten es dort nicht lange aus und es war kein Jahr vergangen, als sie einen Entschluss fassten. Für einen Tagesbesuch wollten sie »nach ihrer Hallig fahren«, wie man sich erzählt. Auf dem Deich gingen sie von der Anlegestelle im Osten bis zur Schleuse Richtung Westen. Eine ehemalige Nachbarin hatte sie dabei beobachtet. Einen kurzen Moment ließ sie die beiden aus den Augen. Beim nächsten Blick in ihre Richtung waren sie verschwunden. Kurz darauf fand man sie. Mit einem Strick aneinandergebunden, von der nahenden Flut nicht mit ins Meer gezogen, sondern am Fuß des Deiches ihrer Hallig liegend. So hat man sie auch beigesetzt. Eine bewegende Geschichte, die deutlich die intensive Verbundenheit der Halligmenschen mit ihrer Heimat zeigt. Sicherlich spielten auch das Alter, Krankheit und vielleicht auch Angst vor der neuen Umgebung und Veränderungen eine Rolle, aber letztendlich heißt es ja wohl nicht unbegründet: Einen alten Baum verpflanzt man nicht. Erst recht nicht in eine fremde Erde. Die Sehnsucht nach dem Halligland war größer als die Vernunft.

Selbst ich kann diese Verbundenheit nachempfinden, obwohl ich ja »nur« eine Zugereiste bin. Vor ein paar Jahren musste ich ernsthaft erwägen, die Hallig zu verlassen. Existenzielle Sorgen ließen mich daran zweifeln, ob ich hier noch am richtigen Platz war. Ausschließlich von zwei Ferienwohnungen zu leben, mit kaum einer Aussicht, einmal expandieren zu können, ließ mich allmählich skeptisch und mutlos werden. Die Langsamkeit bei der touristischen Entwicklung hat mich zweifeln lassen, dass sich irgendwann Chancen für Kleinstbetriebe auf Hooge ergeben könnten, die die Existenz sichern. Sei es bei Kooperationen oder bei den Winterangeboten. Als es daranging, den Hausverkauf vorzubereiten, wurde mir bewusst, wie sehr ich bereits mit der Hallig verbunden war. Ich wollte nicht weg! Der Gedanke daran hatte mir die Luft zum Atmen genommen. Es gab keinerlei Vorstellung, was mich auf dem

Festland erwarten würde, ich wusste nur, dass ich nicht weg wollte! Ich war noch jung genug, hätte viele Chancen für einen Neuanfang gehabt, aber das änderte nichts an meinem Gefühl, hierbleiben zu wollen und auch zu müssen. Auch wenn ich sicherlich gute Jobs in der Hotellerie oder Gastronomie hätte finden können, gab es in meiner Vorstellung bezüglich des Lebens auf dem Festland nur ein großes schwarzes Loch. So habe ich mich buchstäblich in letzter Minute umentschieden. Vernunft hin oder her! Aber dieses beklemmende Gefühl habe ich nicht mehr vergessen und ich kann verstehen, warum Jule (wie sie genannt wird) und Peter Rickertsen letztendlich ihren tragischen Entschluss getroffen haben.

Wenn Halligleute gehen, egal, ob sie nur auf das Festland ziehen oder ihre letzte Reise antreten, nimmt jeder von ihnen ein Stück Geschichte mit und hinterlässt eine Lücke. Wenn einer von den alten Hoogern ins Krankenhaus muss, gibt es einen gemeinsamen Gedanken bei den Menschen, die auf der Hallig zurückbleiben: Hoffentlich kommt sie oder er wieder. Leider passiert es auch, dass sie oder er auf dem Festland stirbt. Das ist traurig genug und dennoch ist es ein Unterschied, ob jemand auf der Hallig eingeschlafen ist oder auf dem Festland. Gerade deshalb ist das, was dann im Anschluss geschieht, umso bewegender. Die Verstorbenen kommen wieder nach Hause, wenn sie auf der Hallig beerdigt werden. Wenn die Hooger zurück auf ihre Hallig kommen, wissen sie, dass Menschen da sind und sie in Empfang nehmen. Sie gehen nicht allein, egal, was in den letzten Tagen oder Monaten ihres Lebens auch gewesen sein mag.

Als ich das erste Mal eine Beerdigung auf Hooge erlebte, war ich so beeindruckt und berührt, dass ich von einem schönen Moment gesprochen habe. Ein schöner Moment, weil er von Frieden, von Heimkommen und von Bewusstsein getragen wurde. Auch von schönen Erinnerungen und das, obwohl auch Traurigkeit und Verlust im Raum standen. Wird ein Sarg oder eine Urne auf die Hallig begleitet, fährt die Fähre unter Halbmast. Bei der Ankunft haben sich bereits der Pastor, die Angehörigen und alle, die sich verabschieden möchten, am Anleger versammelt und aus der Ferne ist die Glocke von der Kirchwarft zu hören. Persönliche Worte und ein Segen werden gesprochen, dann begleiten die Anwesenden den Sarg oder die Urne zu Fuß zur Kirchwarft. Manch einer läuft schweigend, andere unterhalten sich und meistens hört man Erinnerungen, alte Geschichten und letzte Gedanken, die einen mit der oder dem Verstorbenen verbinden. Auf der Kirchwarft angekommen, wird noch einmal ein Segen gesprochen, bevor die Türen der Aussegnungshalle geschlossen werden.

In einem anderen Fall habe ich es erlebt, dass der Tote zu Hause aufgebahrt wurde und man sich von ihm in der gewohnten Umgebung verabschiedete. Am Tag der Beerdigung, der Sarg wurde auf eine Bahre mit Rollen gestellt, begleiteten wir den Toten auf seinem Weg zur Kirche, der uns zuerst durch und dann auch um die Warft herumführte. Haben wir Konfirmanden auf Hooge, tragen diese große Kerzen und begleiten die Trauergemeinde. Diese Tradition ist für mich unglaublich respektvoll und berührt mich immer wieder aufs Neue.

Auf einer Hallig zu leben, ist nicht nur eine Entscheidung, an einem besonderen Ort zu wohnen. Das größte Kompliment, dass mir einmal ein Hooger machte, waren die Worte: »Du lebst die Hallig!« Das ging direkt ins Herz. Ich habe gern in München gelebt und denke häufig darüber nach, wie es heute wäre, wenn ich immer noch dort leben würde. Mit Sicherheit würde ich immer noch in Ismaning wohnen, wäre regelmäßig in den Bergen, würde Motorrad fahren und oft meine Freunde treffen. Aber was wäre in der Zeit, in der ich all das nicht machen würde? Wer wäre ich dann? Was würde ich sehen und was spüren? Könnte ich die Stille hören oder würde ich funkelnde Diamantenfelder durch die Luft fliegen sehen? Hätte ich einen Blick für die Weite und könnte ich das Nichts aushalten? Ehrlich gesagt: Ich glaube es nicht. Wahrscheinlich würde mir immer irgendetwas fehlen und vermutlich würde ich nicht darauf kommen, was es ist. Vor allem könnte ich es nirgends anders finden als in mir, auf der Hallig.

Ich lebe hier, also bin ich!

## KAPITEL 12

## *Sommer, Salz und Spezialisten*

Den Telefonhörer aufgelegt, nehme ich den Pinsel wieder zur Hand und streiche weiter die Fensterrahmen. Gerade während der Sommermonate liebe ich es, Aufgaben im Freien zu erledigen. Das Telefon liegt immer parat, denn das Tagesgeschäft läuft natürlich weiter. Soeben erkundigte sich eine junge Mutter, ob denn die Hallig etwas für ihre fünf und sieben Jahre alten Kinder sei. Auf solch eine Frage gibt es von mir stets die gleiche Antwort.

»Das kommt ganz darauf an, ob Ihre Kinder etwas mit Natur anfangen können und wie viel Freiraum Sie ihnen geben, diese zu entdecken. Wenn sich Ihre Kinder draußen beschäftigen können und sie dreckig nach Hause kommen dürfen, dann sind sie hier genau richtig.«

Herbst und Winter können für kleine Kinder zu rau und stürmisch sein. Das ist eher etwas für Fortgeschrittene. Den Sommer auf einer Hallig zu verbringen, das kann jeder. Fast jeder! Zumindest jeder, der sich von Farben, Weite und Geräuschen ansprechen oder sogar berühren lässt.

In Gedanken versunken streiche ich weiter die alten Fensterrahmen und nehme erst nebenbei, dann deutlich ein in unregelmäßigen Abständen wiederkehrendes Klopfen wahr. Erst kam es aus den Obstbäumen hinten im Garten und jetzt kommt es aus der Eiche, die im weißen Beet steht. Ich lege den Pinsel weg und gehe dem Geräusch so leise wie möglich hinterher. Beim Holunder sehe ich ihn dann: Der Buntspecht ist wieder da. Ich vergesse meine Fenster und beobachte ihn, wie er emsig den Stamm rundherum bearbeitet. Kräftig klopfend, hartnäckig hämmernd. Wie wunderschön und unterschiedlich die Vogelwelt hier doch ist. Da muss ich unweigerlich an den Gelbspötter denken. Es hört sich an wie das Daddeln in einer Spielhölle, wenn er seine Melodien, in denen er zahlreiche andere Vögel nachahmt, zum Besten gibt. Als ich nach Hooge zog, habe ich mir gewünscht, jedes Jahr eine neue Vogelart zu entdecken. Der Gelbspötter zählt dazu und auch der Kiefernkreuzschnabel. Vor ein paar Jahren machte sogar ein Flamingo Zwischenstopp auf der Hallig – wahrscheinlich ein Ausreißer. Blaukelchen, Seidenschwänze und Wintergoldhähnchen gehören auch zu meinen Neuentdeckungen. Und wie aufs Stichwort wird ein lauter werdendes Rauschen in der Luft deutlich. Ich schaue nach oben und sehe einen Vogelschwarm mit unzähligen Alpenstrandläufern. Die Faszination eines solchen Naturschauspiels ist für mich immer wieder unbeschreiblich. Aber das ist ja auch kein Wunder. Sind die Halligen und das umliegende Wattenmeer doch Rast- und Brutgebiet für Millionen von Vögeln und die bunten Salzwiesen und Fennen (das sind die Wiesen auf den Halligen) die Kinderstube der gefiederten Sommergäste. Hier halten sich im Wasser oder sogar unter dem Wasser, also im Wattboden, mit dem Bäumchenröhrenwurm, der Gemeinen Herzmuschel und dem gefräßigen Seeskorpion unendlich viele und vor allem vielseitige Bewohner des Wattenmeeres auf. Wahre Lebenskünstler, um nicht zu sagen Spezialisten ihres Fachs. Diese Unterwasserwesen müssen sich nicht nur mit ihren natürlichen Feinden auseinandersetzen, sondern sich auch extremen Strömungen sowie Ebbe und Flut anpassen. Egal, wo man hier hinschaut, ob nach oben, über die Wiesen oder unter die Wasseroberfläche beziehungsweise auf den Wattboden – hier tobt das Leben!

Vor ein paar Minuten erst habe ich das Telefonat beendet. Meine Gedanken haben seitdem eine Reise durch meinen Lebensraum auf Hooge gemacht. Dabei muss ich unbedingt weiter streichen, denn insgesamt warten 24 Fensterflügel darauf, für den nächsten Winter aufgefrischt zu werden. Mittags, wenn die Sonne ihren höchsten Stand erreicht hat, wird es für die Augen fast unerträglich, auf die Fenster und vor allem die leuchtend weiße Farbe zu schauen. Daher gönne ich mir eine Pause und widme mich meinem Garten, der zu dieser Jahreszeit in allen vier Farben blüht: Rosa, Blau, Gelb und Weiß. So kann ich nebenbei auch immer wieder einen Blick auf den Buntspecht werfen, der sich unermüdlich durch meinen Garten hämmert. Bei seinem Anblick fällt mir auf, dass er in seinem Federkleid die Farbe Rot trägt. Rot ist auf der Hallig die Farbe, die den Herbst einläutet. Heidegewächse leuchten wunderbar, bevor sich die Farbe langsam in Braun wandelt. Der Queller, der auch Salzwiesenspargel genannt wird, verfärbt sich im Spätsommer von Grün in ein leuchtendes Rot. Der Queller ist mit seinen bis zu dreißig Zentimetern Länge einer der herausragenden (im wahrsten

Sinne des Wortes) Spezialisten, die sowohl Ebbe und Flut als auch Salz für ihr Überleben brauchen. Klingt erst einmal ungewöhnlich, weiß doch jedes Kind, dass Salz normalerweise Pflanzen innerhalb kürzester Zeit vertrocknen lassen würde. Diese Pflanze hat es aber aufgrund ihrer besonderen Anpassungseinrichtung geschafft, sich in diesem Lebensraum anzusiedeln. Und gut schmecken tut dieses dickfleischige, kleine, kaktusartige Gewächs (allerdings ohne Stacheln) auch noch! Mit Spaghetti oder zu Bratkartoffeln – ein Gedicht! Aber nur, solange er noch grün ist. Verfärbt er sich rot, wird er ungenießbar.

Noch ist die Hallig aber nicht in Rottöne gefärbt, sondern das satte Grün der Wiesen, das Rosa der Strandgrasnelke sowie das strahlende Lila des Halligflieders leuchten um die Wette. Dazwischen mischt sich ein zarter Silberton, das ist der Strand-Wermut oder auch Strand-Beifuß, der eigentlich eine weißlich-grünliche Färbung hat, aber von Weitem wirkt diese Mischung wie ein mattes Silber, noch dazu wenn er noch ganz jung ist.

Zu dieser Jahreszeit auf dem Deich zu spazieren, ist ein Hochgenuss für Augen und Nase. Die Küken aus dem Frühling huschen durch die eng bewachsenen Salzwiesen, in der sie Schutz finden, oder absolvieren ihre Übungen in der Flugschule über dem bunten Farbenmeer. Läuft man vom Landsende aus auf dem Deich Richtung Backenswarft, rauscht rechts gleichmäßig und beruhigend die Nordsee an die Steinkante, links liegen die Fennen, auf denen Schafe und Kühe mit ihren Kälbern stehen. In den Sommermonaten stehen rund vierhundert Kühe auf den Fennen – wesentlich mehr, als es Einwohner auf der Hallig gibt.

Der Halligsommer ist für mich eine extra Portion Streicheleinheit für die Seele. Die Lebendigkeit, die Farben, die Luft, die

Wärme – ja, auch auf den Halligen wird es um die dreißig Grad warm! Höhere Temperaturen muss ich auch gar nicht haben. Ich mag mir heute nicht mehr vorstellen, im Hochsommer in einem Büro zu sitzen. Oder in der Stadt Erledigungen nachzugehen oder vielleicht sogar im Stau zu stehen. Was für eine schreckliche und vor allem schweißtreibende Vorstellung! Der Wind, der an der Nordsee auch zur Sommerzeit meistens spürbar ist, lässt die heißen Tage erträglich werden. Gäste unterschätzen diese Wetterverhältnisse häufig. Morgens kann es noch leicht trübe sein, wenn man sich zur Wattwanderung am Deich verabredet. Wer denkt dabei schon an Sonnencreme? Ein fataler Fehler, denn nicht nur bei trüben Wetterverhältnissen bekommt die Haut kräftig Farbe. Wind und vor allem die Spiegelungen des Wassers sollten niemals unterschätzt werden. Wer dann auch noch auf den weiten Flächen des Wattbodens auf Exkursion unterwegs ist, wo weit und breit keine schattenspendenden Bäume zu finden sind, kann sich abends auf einen unangenehmen Sonnenbrand einstellen. Sagte man früher, dass Touristen bei schlechtem Wetter an ihren gelben Regenjacken zu erkennen seien, ist es bei schönen Tagen die rote Farbe im Gesicht und an den Armen und Beinen, angepasst an die Kleidung, die bei der Wanderung getragen wurde, die jetzt die Menschen als Touristen entlarvt.

Inzwischen ist es Nachmittag geworden. Heute möchte ich nicht mehr an den Fenstern weiterarbeiten. Morgen ist auch noch ein Tag. Alles wird wieder aufgeräumt und verstaut, dann gönne ich mir einen großen gemischten Salat mit Petersilie und Schnittlauch aus dem Garten. Natürlich gebe ich auch ein paar Stengel Queller hinzu. Während des Essens beobachte ich den Tanz der anmutigen Schmetterlinge, das geschäftige Treiben der Bienen und Hummeln und lausche den Amselkindern beim

Rufen nach den Eltern, die ihnen auch etwas zu essen bringen sollen. Die erste Brut der Schwalben hat wieder Flugunterricht und ich kann mich gar nicht sattsehen. Eine halbe Stunde später laufe ich die zweihundert Meter zur Badestelle Landsende. Ich möchte unbedingt einen Spaziergang am Wasser entlang machen. Am Landsende angekommen, gehe ich nach rechts, Richtung Süden, dem Lauf der Sonne folgend. Ich laufe ganz gemütlich, mit offenen Augen und den Schuhen in der Hand auf dem Deich entlang. Ab und zu bleibe ich bei einem der frisch gepressten Heuballen stehen, die hier alle paar Meter liegen. Der Geruch des frischen Heus ist unbeschreiblich. Ich mag die rechteckigen Heuballen aus früheren Zeiten lieber. Heute gibt es aber fast nur noch die großen Rundballen. Der technische Fortschritt ist auch hier eingekehrt. Darauf sitzen ist also nicht mehr möglich, aber es ist ein heimeliges Gefühl, sich an diesen warmen Ballen anzulehnen und den Blick über das Meer schweifen zu lassen, die warmen Sonnenstrahlen im Gesicht. Der Sonnenuntergang wird noch eine Weile auf sich warten lassen, dennoch entstehen schon ganz langsam wunderbare Rot- und Rosatöne am Horizont. Heute war so ein wunderbarer Tag, dass es noch locker bis 22 Uhr taghell sein wird.

So entscheide ich mich für den Weg, der mich bis auf die Höhe der Ockelützwarft führt, immer mit dem in der Ferne deutlich sichtbaren Leuchtturm der Insel Amrum im Blick. Über den Plattenweg laufe ich rechts zur Straße runter, auf der ich, vorbei an meiner Lieblings-Kuhherde unterhalb der Hanswarft, wieder nach Hause zur Ockenswarft schlendere. Was für ein schöner Tag. Was für ein schöner, warmer und farbenfroher Halligsommer.

## KAPITEL 13
### *Werte: Ein Relikt aus der Märchenwelt?*

Gäste nennen in meinen Gästebüchern das Haus am Landsende und den dazugehörigen Garten gern »das kleine Paradies«. Die Hallig bezeichnen sie als »märchenhafte Umgebung« mit einem manchmal »romantisch vernebelten Deich«. Sie denken dann richtig poetisch. Sie schreiben von »einem Ort der Kraft und Liebe« und dem »unendlichen Himmel« über Hooge. Wenn dann noch von »dem Mond auf der glänzenden See« zu lesen ist, wird deutlich, dass ich mich hier offenbar in der perfekten Kulisse für einen Rosamunde-Pilcher-Film befinde. Für viele meiner Gäste ist das Haus am Landsende zu einer »Wohlfühloase« geworden und sie bedanken sich bei mir »für das Stück Freiheit«, für »die Liebe zum Detail« und »die Gastfreundschaft«. Sie spüren »das Beste für die Gäste« und »das Herzblut bei der Führung dieses Hauses«. Einer brachte es auf den Punkt: »Das Haus am Landsende – ein Glücksfall!«

Ich bin stolz, wenn ich solche Aussagen in den Gästebüchern finde, und dankbar für diese Wertschätzung. Es steckt wirklich Liebe in allem, was ich in diesem Haus mache! Es ist nicht nur meine selbst gesetzte Aufgabe, ein qualitativ hochwertiges Produkt auf den touristischen Markt zu bringen, sondern tatsächlich meine Überzeugung, einen Ort zu schaffen, an dem sich andere Menschen wohlfühlen. Ich öffne gern Türen und lasse Gäste hinein, die etwas über dieses Haus mit seiner langen Geschichte erfahren möchten. Anderen eine Wohnung zu überlassen, damit sie diese für eine Weile ihr Zuhause nennen können, ist ein schönes Gefühl. Gästen das Wohngefühl in einem Reetdachhaus und das Leben auf einer Hallig etwas näherzubringen, ist für mich nicht nur ein Job. Ich empfinde es als etwas Großartiges, an einem Ort zu leben, an dem andere ihren Urlaub verbringen, und damit sogar Geld zu verdienen. Geld, das durch die Vermietung von zwei Ferienwohnungen hineinkommt. Neben den vielen Freuden ist das aber auch eine Herausforderung, die mich manchmal an meine Grenzen bringt. Da mein kleiner Betrieb nur bedingt autonom funktioniert, bin ich von anderen im Tourismus Tätigen abhängig.

Ich kann nicht darauf einwirken, wie Gäste den Kontakt mit Vermieterkollegen oder dem Tourismusbüro erleben. Auch kann ich nicht bei dem ersten Blick oder dem ersten Schritt auf die Hallig, der unvermeidbar im Bereich des Anlegers stattfindet, Einfluss nehmen. Der Fähranleger ist das Nadelöhr der Hallig. Je nach Jahreszeit geht es dort sehr turbulent zu. Tagesgäste und Übernachtungsgäste kommen teilweise gleichzeitig an. Die einen laufen quer über die Parkplätze, steigen über Zäune, um zu den Pferdekutschen für die Halligrundfahrt zu gelangen, die anderen suchen zwischen all den Menschen ihre Gastgeber oder zumindest das dazugehörige Auto, um schnell in die Urlaubsresidenz zu fahren. Von einer »märchenhaften Umgebung« erst einmal keine Spur! An ein »Paradies« denkt im Moment der Ankunft sicher kaum jemand. Gäbe es die gute Fee aus dem Märchen, würde ich mir von ihr wünschen, dass sie mehr Umsicht und Fürsorge zaubern würde. Es macht einen Unterschied, ob ich mich nur auf meine Gäste konzentriere oder ob ich auch auf umstehende Menschen achte. Ein freundliches Wort kann nie zu viel sein. Ein direkt vor dem Gepäckanhänger abgestelltes Auto ist für den Fahrzeugführer eine Erleichterung – für alle anderen ein Hindernis. Würde jeder beim Gepäckverladen daran denken, dass nach ihm möglicherweise noch andere Personen Gepäckstücke einräumen, würde das eine wilde Kofferschieberei vermeiden. Der erste und der letzte Blick auf die Hallig sind gleichbedeutend mit einem Empfang und einer Verabschiedung einer Person. Das alles sage ich mir bei jedem Gästewechsel. Bei der Begrüßung am Anleger heiße ich meinen Gast willkommen und zeige, dass ich mich auf ihn freue. Ich möchte erreichen, dass das Gefühl, »zu Hause« angekommen zu sein, schnell einkehrt.

Wenn ich in Interviews, wie seinerzeit im *Nachtcafé* oder in anderen TV-Sendungen, von meinen Eindrücken und Erlebnissen auf Hooge erzähle, sagt mir mein Gegenüber oft, dass ich das mit glänzenden Augen tue. Viele Außenstehende lassen sich anstecken, werden neugierig, wollen das Eiland, von dem ich so schwärme, kennenlernen und buchen ihren nächsten Urlaub auf Hooge. Einheimische reagieren teilweise anders. Selten bekomme ich die Reaktionen direkt mitgeteilt, dennoch kam es schon vor, dass mir während des Aneinandervorbeifahrens auf der Straße zwischen der Ockenswarft und der Hanswarft ein hochgestreckter Daumen entgegengehalten wurde. Das sollte so viel heißen wie: »Dein Auftritt in der Sendung gestern Abend hat mir gefallen.«

Auf einer Versammlung der touristischen Betriebe gab es einmal eine gegensätzliche Reaktion. Eine Vermieterin bezeichnete ein Interview mit mir im *Nordsee-Urlaubsmagazin* als »verklärte Schneewittchen-Romantik«. Zum Glück stand nicht nur mir die Verwunderung ins Gesicht geschrieben. Märchenkitsch kam in diesem Interview gar nicht vor, allerdings sprach ich Werte an, die das Halligleben ausmachen. Zum Beispiel der Umgang der alten Hooger untereinander. Sie können an einem Abend miteinander streiten, begegnen sich am nächsten Tag aber wieder tolerant. Auch ging ich auf die grundsätzlich eher skeptische Haltung der Halligmenschen gegenüber Neuem ein. Auch die unter anderem von mir bereits seit längerer Zeit gewünschte Qualitätssteigerung im Tourismus kam zur Sprache. Mit Romantik haben alle drei Themen nichts zu tun und mit Schneewittchen noch weniger. Na gut, Schneewittchen war ja nun offenbar auch nicht die schlechteste Gastgeberin. Sie hielt ihr Zuhause sauber und öffnete gern jedem die Tür. Dieser Vergleich steckte aber gewiss nicht in der Bemerkung der Kollegin und wenn, wäre er sehr weit hergeholt.

Natürlich gibt es auch auf einer Hallig immer mal Streit und das nicht zu knapp. Es ist nichts Neues, wenn sich Nachbarn über ihre Grundstücksgrenzen streiten. Auch meine Eltern sind in der ersten Zeit einem solchen Konflikt begegnet. Damit er aber nicht ausartet, haben die beiden kurzerhand das Objekt des Anlasses abgerissen. Ein kleiner Gartenschuppen stand nach Meinung des damaligen Nachbarn teilweise auf seinem Grundstück. Meine Eltern rissen ihn ab, der nachbarschaftliche Frieden war wiederhergestellt. Jahre später stellte sich heraus, dass der Schuppen nicht grenzüberschreitend gebaut war, aber er fehlte niemandem. Die friedliche Klärung war allen Beteiligten wichtiger als der windige Schuppen.

Leider ist es nicht immer so einfach. Manchmal gibt es für Außenstehende keine erkennbaren Gründe, dennoch passiert es, dass von heute auf morgen ein Zaun gezogen, ein Tor geschlossen oder ein Übergang weggenommen wird. Auf dem Festland füllen unzählige Akten bezüglich solcher Verfahren die Schränke bei Gericht. Man sollte meinen, auf einer Hallig könnte man das anders regeln. Manchmal reicht es leider nicht aus, einfach nur einen Schuppen abzureißen, um die Gemüter zu beruhigen. Ab und zu gehen die Hintergründe viel weiter in die Vergangenheit zurück. Noch schwerer ist es zu verstehen, wenn innerhalb einer Familie scheinbar unüberbrückbare Differenzen zu solch gravierenden Einschnitten führen, die manchmal Folgen haben, die sogar Dritte miteinbeziehen. Die Familienverstrickungen auf einer Hallig werden mir ein ewiges Geheimnis bleiben. Irgendwo gibt es immer irgendwelche Verwandtschaften oder Verbandelungen – das hat seine Vor-, aber auch seine Nachteile. Hier würde ich gern wieder die gute Fee aus dem Märchen zu Hilfe bitten. Ein Zauber, der auf zerstrittene Parteien einen Staub der Klarheit und Weitsicht fallen lässt, wäre prima. Es müsste allerdings schon eine sehr gute Fee sein, denn der Stolz und gleichermaßen die Sturheit mancher Friesen sind bekannt. Ein schlichtes »Hex, hex!« reicht da vermutlich nicht aus.

»Die Sturheit der Friesen«, sagen häufig Menschen von außerhalb, vom »Stolz der Friesen« sprechen oft die Einheimischen. In einem Zeitungsartikel las ich mal den Satz: »Sie verteidigen ihren Stolz mit Sturheit und verpassen dabei eine bessere Einsicht.« Ja, manchmal sind sie furchtbar stur, die Halligfriesen! Und auch stolz! Dann wollen sie nicht reden. Vor allem nicht über Konflikte. Häufig kommt dann ein Satz ins Spiel, den ich als Ausrede hasse: »Wir sind hier auf einer

Hallig!« Für manch einen Halligbewohner bedeutet das: »Das ist mein gutes Recht« oder »Diese Regeln gelten für Gäste, aber doch nicht für uns!«. Ich, die sich immer bemüht, Situationen von zwei Seiten zu betrachten, Dingen auf den Grund zu gehen, und die auf die Einhaltung von Regeln Wert legt, pralle da regelrecht an der Sturheit der Friesen ab.

»Das war immer schon so, dann bleibt das auch so!«

Eine beliebte Pauschalaussage ist auch: »Da mische ich mich nicht ein!« Das kann ich nicht nachvollziehen, was für altbackene Ansichten! Gerade in dem Mikrokosmos Hallig ist es doch eine Chance, vorher den Mund aufzumachen, bevor man später erkennt, dass Schweigen keine gute Lösung war. Miteinander reden, diskutieren, vielleicht auch aufarbeiten und klären ist für mich heute wichtiger denn je. Und das in einem vernünftigen Ton. Der richtige Umgangston – noch so ein Anspruch, auf den ich Wert lege. Dazu habe ich mal ein Zitat des Prinzen von Äthiopien gelesen (diesen Prinzen gibt es wirklich!): »Die Manieren [...] ermöglichen die hohe Kunst des Zusammenlebens, des respektvollen Umgangs miteinander.« Wie wahr!

Apropos Anspruch, oft werde ich mit dem Satz konfrontiert: »Du mit deinem Anspruch!« Habe ich wirklich einen so außergewöhnlichen Anspruch, wenn ich Wert auf Werte lege? Ist es so abwegig, dass mir die Einhaltung eines gegebenen Wortes wichtig ist oder dass mir ein freundliches, respektvolles Miteinander am Herzen liegt? Dazu gehört auch unsere Sprache. Ein unüberlegtes und hintenherum gesprochenes Wort kann manchmal verletzender sein als die direkte Wahrheit. Bei der direkten Konfrontation hat man wenigstens die Chance, seine Seite darzustellen. Erfährt man irgendwann per Zufall, was über einen gesprochen wurde, ist es meistens sinnlos, noch irgendwem irgendetwas erklären zu wollen. Es ist gut, wenn andere Menschen einen direkt nach der Wahrheit fragen. Ebenso wichtig sind die Worte an sich. Im Gespräch mit anderen, aber insbesondere bei der Repräsentation einer Gemeinschaft, einer Landschaft oder eines Projekts kann mit Worten viel erreicht, aber eben auch viel beschädigt werden. Das gilt natürlich nicht nur für das Leben auf einer Hallig. Hier ist es mir aber erst so richtig bewusst geworden.

Es gibt so viele verschiedene Werte: religiöse, gesellschaftliche, politische, persönliche – und sie sind nicht in Stein gemeißelt. Das kann ein Vor-, aber auch ein Nachteil sein. Abnehmende Solidarität und zunehmender Egoismus sind nicht nur in der Politik ein Thema, sondern auch im privaten Umfeld. Die Ursachen für einen Wertewandel können unendlich vielfältig sein. Umwelteinflüsse, Kulturmix, Generationswandel, Industrialisierung und so weiter. Davon bleiben auch die Halligen und das Leben hier nicht unberührt. Im sogenannten »Masterplan«, der für die Halligen und die Insel Pellworm in gemeinschaftlicher Arbeit auf politischer und Bürgerebene ausgearbeitet wurde, heißt es unter anderem: »Die Alterung der Bewohner macht neue und zusätzliche Angebote der Daseinsvorsorge notwendig. Und die für die nachhaltige Sicherung der Biosphäre unverzichtbaren Funktionen im Tourismus, bei Küstenschutz und Landbewirtschaftung sind nur erfüllbar, wenn junge Menschen an die Halligen gebunden oder angeworben werden können.«

Somit liegt bei den jungen Menschen eine hohe Verantwortung. Zu diesen jungen Menschen zähle ich mich und genau dieser Aufgabe, den Tourismus zu stärken und sichern, will ich mich stellen. Das schaffen wir Jungen aber natürlich nicht allein. Selbstverständlich sind wir manchmal zu schnell oder zu blauäugig, vielleicht auch zu hitzköpfig. Wir machen Fehler und manchmal schießen wir über das Ziel hinaus. Liegt es dann aber nicht erst recht bei den Älteren und Alten, bei den Vorbildern und denjenigen, die an Konzepten und Masterplänen mitarbeiten, für einen gemeinsamen Nenner zu sorgen? Gemeinsame Werte, wie zum Beispiel der Stolz (da ist er wieder und hier ist er in meinen Augen auch angemessen) auf die einzigartige Halligwelt, in der wir das Glück haben leben zu können, könnten in meinen Augen dafür ein Wegbereiter sein.

Ja, ich bin ein Mensch mit Ansprüchen! Einer der größten an mich selbst lautet: Wenn ich öffentlich Wasser predige, dann kann ich selbst nicht heimlich Wein trinken. Frei nach Heinrich Heine versuche ich, das selbst einzuhalten. Egal in welchem Bereich, ganz besonders aber innerhalb der Freundschaft, der Nachbarschaft und der Kommunalpolitik. Auch hier habe ich auf Hooge meine Erfahrungen gemacht und vor allem meine Lehrzeit gehabt.

Mein Betrieb ist sehr klein, aber trotzdem kann ich meinen Beitrag leisten. Ich kann Gästen andere Vermietungsbetriebe empfehlen, ohne dass ich mit den Inhabern befreundet bin. Selbst wenn ich einen Groll gegen einen Kollegen hege, denke ich in erster Linie an den Gast. Es gehört für mich zum gesellschaftlichen Miteinander, meine persönlichen Befindlichkeiten hintenanzustellen, erst recht seitdem ich auf so einem kleinen Flecken Erde lebe, der so viel an Freiheit zu bieten hat. Freiheit, die sich Festländler in ihrer Reihenhaussiedlung oder in ihrem Wohnviertel wünschten. Ein Miteinander, das auf Toleranz und Respekt beruhen sollte. Klappt das nicht, führt der Gang auf dem Festland schnell vor Gericht. Klappt es auf einer Hallig nicht, macht der Gang vor Gericht mehr kaputt als nur ein nachbarschaftliches Verhältnis. Ich bin davon überzeugt, dass jeder so einer Situation auf einer Hallig entgegentreten könnte. Zumindest leichter als auf dem Festland. Insbesondere Vertreter in der Kommunalpolitik oder in der Verwaltung, aber auch Mandatsträger im Tourismus, der Haupterwerbsquelle auf Hooge, müssen vorausschauend, umsichtig und vor allem vorbildlich handeln. Hier tragen diese vielleicht sogar etwas mehr Verantwortung als Vertreter auf dem Festland.

Inzwischen bin ich davon überzeugt, dass dieser Anspruch nicht abgehoben ist. Es ist weder Zauberei noch Zufall, dass ich über das ganze Jahr Gäste in meinem Haus habe. Wunderbare Gäste! Menschen, die das Besondere in der Halligwelt entdecken. Keineswegs täusche ich ihnen märchenhafte oder verklärte Eindrücke vor. Zwar kann man sich auf Hooge gut vor der Realität, insbesondere vor der Hektik auf dem Festland und den Grausamkeiten, die in der Welt geschehen, verstecken, trotzdem hat das Leben auf der Hallig nichts mit einem Märchen zu tun. Hierfür bedarf es weniger romantischer Gefühle, sondern eher Ausdauer, Mut, Selbstständigkeit, Zuversicht und Gelassenheit. Um von zwei Ferienwohnungen leben zu können, braucht es außerdem Anspruch. In erster Linie an sich selbst. Manchmal wünsche ich mir auch hier die gute Fee herbei, damit das eine oder andere einfacher zu lösen ist, aber ich schaffe es auch ohne sie! Ich habe festgestellt, dass mein Werteverständnis erst auf der Hallig richtig gereift ist. Hier kann ich Situationen aus verschiedenen Perspektiven betrachten. Gleichzeitig bin ich meine strengste Kritikerin und ich muss mich auch selbst immer wieder ermahnen, nicht zu streng mit mir und erst recht nicht mit anderen zu sein.

Ein Gast sagte mir einmal vor vielen Jahren, dass ihn sein Urlaub auf Hallig Hooge an das Märchen von Dornröschen erinnern würde.

»Irgendwann, wenn die Verantwortlichen aufwachen, kann der Tourismus auf Hooge mit neuem Leben gefüllt und mit Leidenschaft ausgeübt werden. Wenn ihnen endlich bewusst wird, was für ein unbezahlbarer Schatz vor ihrer Nase liegt«, sagte er. Aber nicht nur dieser Gast sieht das so, auch ich teile seine Einschätzung. Und auch Profis aus der Gastronomie, der Hotellerie und dem Tourismus im Allgemeinen sehen die Chancen, die wir Halligleute haben. Das ist aber nur über die Steigerung der Qualität zu schaffen. Qualität ist heute ein unverzichtbarer Wert, wenn man etwas erreichen möchte. Ganz besonders im Tourismus und dieser ist nun mal die Haupterwerbsquelle auf Hooge und somit die Existenzgrundlage für die meisten hier. Mich motiviert es, weiterhin dem Wertewandel die Stirn zu bieten, allerdings nicht nur im touristischen Bereich, sondern auch im gesellschaftlichen. Und wenn das nicht in unserem kleinen Paradies zu schaffen sein sollte, wo dann?

## KAPITEL 14
## *Anleitung zur Entschleunigung*

Man liest ja überall, dass die Deutschen zunehmend die Fähigkeit zu genießen verlernen und sich kaum mehr Zeit zur Muße und zum Durchatmen nehmen. Das kann ich mitunter auch bei Gästen beobachten.

Es war noch früher Vormittag, aber ich war schon seit Stunden im Garten. Bei traumhaftem Wetter ging die Gartenarbeit leicht von der Hand. Ein Gast, ein drahtiger Mitfünfziger aus der Nähe von Zürich, hatte bei der Sitzgruppe unter dem Kirschbaum Platz genommen und vor sich auf dem Tisch Aufnahmegerät, Handy, Terminkalender und Laptop ausgebreitet. Er nahm mich nicht wahr und hatte anscheinend ganz vergessen, wo er sich befand. Er hatte die Augen nur auf den Bildschirm gerichtet und fluchte immer wieder leise vor sich hin. Ihm schien die Arbeit nicht so leicht von der Hand zu gehen wie mir. Irgendwann fragte ich ihn dann, worüber er sich ärgere.

»Das WLAN schwankt!«, sagte er. Er wollte in regelmäßigen Abständen seine E-Mails abrufen, um auf dem neuesten Stand der Geschehnisse in seinem Büro zu sein. Ich stellte die Schubkarre ab und sah ihn prüfend an.

»Waren Sie schon einmal während Ihrer Arbeit von so vielen Admiralen umgeben?«

Sein Blick zeugte von einer Mischung aus Unverständnis und Besorgnis.

»Geht es Ihnen gut?«, fragte er mich.

»Mir ja! Allerdings habe ich den Eindruck, dass Sie noch gar nicht hier angekommen sind, obwohl Sie schon drei Tage im Haus sind. Ihre Frau hat Ihnen diesen Urlaub geschenkt, damit Sie mal abschalten und nicht ständig an die Arbeit denken. Damit Sie mal zur Ruhe kommen, Kraft tanken und mal wieder den Kopf frei kriegen«, antwortete ich ihm.

»Ja, aber …«

Ich stellte meine Frage ein zweites Mal: »Waren Sie schon einmal während Ihrer Arbeit von so vielen Admiralen umgeben?«

Der Mann, der eben noch hochkonzentriert mit einer tiefen Denkerfalte auf der Stirn nur auf sein Laptop geachtet hatte, guckte nun zum ersten Mal bewusst um sich. Da erst nahm er wahr, dass er nicht nur draußen im Grünen saß, sondern in einem blühenden Garten unter Obstbäumen. Es flatterte, brummte und summte überall und nun wurde ihm klar, was ich mit meiner Frage meinte.

»Ach, *die* Admirale!«, lachte er, ohne dabei den Blick von den bunten Faltern zu nehmen. »Nein, ich kann mich gar nicht erinnern, wann und wo ich überhaupt das letzte Mal so viele Schmetterlinge gesehen habe.«

Minutenlang beobachteten wir schweigend den fröhlichen Tanz über dem blauen Blumenbeet, denn dort standen Lavendel und Kugeldisteln in voller Blüte. Diese Pflanzen haben es den Schmetterlingen ganz besonders angetan. Gerade wollte mein Gast etwas sagen, als ich ihn mit einem Fingerzeig bat, still zu sein.

»Hören Sie das?«, flüsterte ich. Er lauschte konzentriert und dann konnte auch er das Geräusch wahrnehmen, auf das ich ihn aufmerksam machte.

»Was ist das?«, flüsterte er zurück. »Es hört sich an wie Meeresrauschen, wie eine Welle, die langsam näher kommt. Aber das kann doch gar nicht sein, das Wasser ist doch zu weit weg.«

»Schauen Sie mal nach oben.«

Ein kleiner Schwarm Regenpfeifer zog über das Haus. So schnell, wie sie da waren, waren sie auch wieder weg und es wurde wieder ruhig.

»Faszinierend«, fand der Gast.

Plötzlich fielen ihm sogar die beiden Rauchschwalben auf, die in fast regelmäßigen Abständen dicht an ihm vorbei in das Stallgebäude flogen. Er hatte bis dahin gar nicht mitbekommen, dass die Eltern dort die Küken füttern. Das Nest ist in dem ehemaligen Stall, den ich für meine Gartengeräte und Werkzeuge nutze, direkt hinter der Tür unter der Decke.

»Für die verbleibenden Tage bekommen Sie jetzt eine Aufgabe von mir«, sagte ich zu ihm. »Jeden Tag setzen Sie sich in die Auffahrt und gucken in die Ferne oder in den Himmel. Legen Sie sich dafür ruhig auf den Rücken. Es ist ein schönes Gefühl, auf dem warmen Stein zu liegen und den Blick schweifen zu lassen. Ab und zu wird eine Seeschwalbe über Sie hinwegfliegen. Von rechts nach links hat sie einen kleinen Fisch im Schnabel, von links nach rechts kommt sie mit leerem Schnabel, Sie werden es sehen. Oder gucken Sie in Richtung der umliegenden Halligen und Inseln oder versuchen Sie das Ende des Horizonts auszumachen. Entscheiden Sie selbst, wohin Sie gucken, Hauptsache, Sie gucken und machen nichts anderes nebenbei und das mindestens eine Stunde lang. Sie müssen wieder lernen, Ihren

Blick schweifen zu lassen. Eine für viele Festländler schwierige Aufgabe, dabei ist es eigentlich ganz einfach.«

»In Ordnung«, lachte er. »Ich versuche es.«

Als ich diesen Gast nach insgesamt einer Woche wieder zum Fähranleger fuhr, schaute er überwiegend schweigend aus dem Fenster. Er sah die Gänse rechts und links auf den Wiesen, er sah die Kühe, die mit ihren Kälbern über die Felder tobten. Er machte mich sogar auf eine große »Wolke« weit hinten über der Hallig Norderoog aufmerksam, die sich in lang gestreckten Wellenbewegungen am Horizont entlangschlängelte. Jetzt, nachdem er einen Blick für die Besonderheiten des Wattenmeers entwickelt hatte, wusste er, dass es sich bei dieser Formation um eine Schar Knutts handelte. Ich schmunzelte und freute mich darüber, dass sein Blick ein anderer geworden war. Er stieg auf die Fähre, lief direkt nach oben auf das Sonnendeck und winkte zu mir herüber, während das Schiff ablegte, das ihn zurück zum Festland brachte. Das Handy, in das er auf der Hinfahrt noch hektisch hineingesprochen hatte, lag tief unten in der Tasche.

Seit dieser Zeit kommt er einmal im Jahr gemeinsam mit seiner Frau zu mir in die Ferienwohnung. Er zeigt und erklärt ihr alles, was sie über die Hallig wissen muss, und beide sind richtige Halligprofis geworden. Sie brauchen diesen Urlaub, um zu entschleunigen und um zu genießen. Seit seinem ersten Urlaub habe ich ihn kein einziges Mal mehr mit seinem Laptop im Garten sitzen sehen. Und das Schönste: Regelmäßig im Frühjahr ruft er bei mir auf der Hallig an und fragt nach seinem Lebensbaum. Jedes Mal berührt mich das aufs Neue. Damit meint er den Kirschbaum, unter dem er inzwischen so viele Male gesessen hat und den er in seinen Urlauben immer wieder betrachtet, als ob er ihn zum ersten Mal sehen würde.

## KAPITEL 15

# *Die Hallig fasst einen an und nicht nur das ...*

Hallig kann nicht jeder! Klingt komisch, ist aber so. Manchen ergeht es wie einem Gast aus Westfalen, der vor einigen Jahren das erste Mal auf die Hallig kam, um hier Urlaub zu machen. Anfang vierzig, seit fast zwanzig Jahren selbstständig, ein erfolgreicher Geschäftsmann, die Arbeit gestaltete seinen Alltag.

»Ich habe die Hallig im Fernsehen gesehen und es war immer schon mal ein Wunsch von mir, dort Urlaub zu machen«, schrieb er in seiner Kontaktaufnahme per E-Mail. Bei solchen Aussagen bin ich sofort vorsichtig. Bloß weil man eine der Halligen im Fernsehen gesehen hat und daraufhin seinen Urlaub dort verbringen möchte, heißt das noch lange nicht, dass diese Menschen einen Urlaub auf einer Hallig aushalten.

Halligurlaub heißt vor allem in der Herbst- und Winterzeit: keine Ausflugsfahrten auf die benachbarten Halligen oder Inseln, tagsüber kaum Einkehrmöglichkeiten in Cafés oder Restaurants und abends eventuell die Chance auf nur ein von 17 bis 19.30 Uhr geöffnetes Lokal. Es gibt kein Animationsprogramm und auch keine Schaufensterbummel. Letztere übrigens auch nicht in den Sommermonaten, denn es gibt keine Schaufenster auf Hooge. Im Umkehrschluss heißt das, dass man sich vor allem mit sich selbst beschäftigen muss, dass man Ruhe und Stille aushalten können muss. Für manch einen klingt das einfacher, als es ist. Vielen Menschen ist gar nicht bewusst, wie stark sie von der Gesellschaft geleitet und von äußeren Einflüssen gesteuert werden und vor allem wie überlastet das eigene Unterbewusstsein häufig ist. Egal, wo man heute im städtischen Bereich hinkommt, so gut wie überall läuft ein Musik- oder Werbeprogramm im Hintergrund. An der Tankstelle, beim Friseur und in Einkaufshäusern sowieso. Hinzu kommen alltägliche Geräusche wie der Straßenverkehr oder Lärm, den der Arbeitsplatz mit sich bringt. Manch einer kann gar nicht mehr sagen, wann er das letzte Mal nichts gehört hat. Nichts außer Stille. Auf Hooge kann man die Stille hören. Stille bedeutet, dass keine künstlichen Geräusche zu hören sind. Stille bedeutet, den Wind und manchmal sogar das Gras rauschen oder knistern zu hören. Stille heißt: Urlaub für das Unterbewusstsein. Aber Stille aushalten kann nicht jeder. Ein Spaziergang auf dem Deich ist ein intensives Wellnessprogramm. Ganz besonders in der rauen Jahreszeit. Über Pfützen springen, die salzige Gischt im Gesicht spüren, in jodhaltiger Luft tief durchatmen und vor allem sich den Kopf mal wieder so richtig frei pusten lassen! Die Elemente der Natur auf sich wirken lassen und spüren, dass es Kraft kostet, sich gegen den Wind zu stemmen. Das ersetzt das Programm im Fitnessstudio. Ohne Animateur und ohne laute Musik, aber mit dem gleichen Effekt: Es erfrischt und weckt müde Lebensgeister – wenn man sich darauf einlassen möchte und vor allem kann.

Der Geschäftsmann aus Westfalen wollte es ausprobieren. Dass er sich mit Anfang März eine besonders ruhige Zeit für sein Vorhaben ausgesucht hatte, war keine bewusste Wahl, sondern eher Zufall.

»Ich will einfach mal abschalten, runterfahren und nichts tun«, sagte er am Telefon. »Mein Tag ist so voll, ständig klingelt das Telefon und irgendjemand will etwas von mir. Die letzten Urlaube fanden stets mit der Familie statt, jetzt will ich mal was für mich tun.«

Ob er sich darüber im Klaren war, was er sich mit seiner Reise auf die Hallig ausgesucht hatte? Von einhundert Prozent Aktivität runter auf null Prozent – ich war skeptisch. Ich habe schon erlebt, dass Gäste mit der gleichen Erwartung ankamen, sich aber schwertaten mit der Umsetzung des Wunsches nach absolutem Nichtstun. Wenn ich sie dann beim Frühstück frage, wie sie denn die erste Nacht geschlafen hätten, kommt häufig die Antwort: »Ich konnte erst gar nicht einschlafen, weil ich keine Geräusche gehört habe.« Welch eine Ironie! Wie kann es denn zu leise sein, um einzuschlafen? Am zweiten Tag höre ich manchmal: »Ich wollte nicht einschlafen, weil ich dem Wind zugehört habe.« Dem Wind zugehört? Ist das nicht so etwas wie die Stille hören? Wenn am dritten Tag die Antwort kommt: »Nachts ist es hier ja gar nicht still. Es sind so viele verschiedene Vögel zu hören und dabei dachte ich immer, dass nachts alle Vögel schlafen«, weiß ich, dass diese Person angekommen ist und sich auf die Hallig und auf die Stille eingelassen hat. Eine wunderbare Beobachtung.

Aber zurück zu dem ruhebedürftigen Urlaubsgast aus Westfalen. Nachdem ich ihm seine Wohnung gezeigt hatte, sagte er, er wolle unbedingt noch zum Meer, daher stellte er nur seine Tasche ab und ging sofort wieder nach draußen. Ich war neugierig und behielt ihn im Auge. Er lief auf der kleinen Straße von der Warft direkt zum Deich. Es war ein trockener, sonniger Tag. Erst lief er ein paar Meter ganz normal, guckte abwechselnd nach rechts und nach links. Es machte den Eindruck, als ob er es nicht wirklich glauben könnte, dass da nichts war, was seinen Blick verstellte. Nach ein paar Minuten zog er seinen dicken Pullover aus, warf ihn in die Luft, fing ihn wieder auf und wiederholte das ein paarmal. Dann fing er an zu springen. Seitwärts, vorwärts und dann wieder hüpfend geradeaus. So lief er bis zur Badestelle am Landsende und blieb dort lange einfach nur stehen.

Am nächsten Morgen fragte ich ihn, wie es ihm auf seinem ersten Spaziergang ergangen sei. Seine Augen strahlten, als er sagte:»Noch niemals bin ich von einem Ort so angefasst worden wie gestern von der Hallig. Es war einfach nur unglaublich!«

Ja, er war ganz und gar angekommen und es war für mich ein Genuss, ihn dabei zu beobachten. Im Laufe der nächsten Tage schien alles Belastende und Einengende von ihm abgefallen. Das war deutlich zu sehen und zu spüren. Darüber kamen wir immer mehr ins Gespräch. Er hatte sich nicht nur selbst befreit, sondern öffnete sich auch mir gegenüber. Dirk, so der Name meines Gastes, erzählte mir von seinem Alltag und von seiner Last, mit der er auf die Hallig kam. Er ist sehr früh Vater geworden und um dieser Verantwortung gerecht zu werden, entschied er sich für Heirat und den Wunsch nach finanzieller Sicherheit für seine Familie. Er baute ein Unternehmen für Werkzeuge und Maschinen auf. Von jetzt auf gleich Vater, von jetzt auf gleich selbstständig. Zwei völlig neue Rollen, die er beide sehr ernst nahm. So ernst, dass seine persönlichen Bedürfnisse auf der Strecke blieben, Abwechslung und Leichtigkeit im Alltag zu kurz kamen. Meistens merkt man das ja erst, wenn schon vieles verloren gegangen und die Gewohnheit eingezogen ist. Wir redeten viel und sehr ehrlich miteinander.

Als wir uns nach unserem letzten Abend voneinander verabschiedeten – der Gast ging in seine Ferienwohnung, die Vermieterin in ihre eigene Wohnung –, stand ich noch eine Weile an meinem Lieblingsplatz in der Küche und schaute in den Garten hinaus. Das Mondlicht erhellte diesen so sehr, dass ich meinen Blick über all die verschiedenen Blumen und Stauden schweifen lassen konnte. Allerdings nahm ich sie gar nicht im Detail wahr. Inzwischen war es vier Jahre her, dass ich mich auch emotional von meinem Exfreund getrennt hatte. Ich ertappte mich an diesem Abend dabei, dass seit Jahren mal wieder ein Mann mein Herz berührte. Lange stand ich am Fenster und sinnierte über die Situation und den großen, sportlichen, blonden Mann in meiner Ferienwohnung in der Etage über mir. Ein Mann, bei dem ich dachte: *Jetzt weiß ich, warum ich so lange warten musste.* Über diesen Mann wollte ich mehr erfahren, aber wie? Es ist nicht die Schwierigkeit, jemanden kennenzulernen, wenn man auf der Hallig lebt. Das Problem ist viel mehr die fehlende Gelegenheit, sich langsam auf neutralem Boden näherzukommen. Auf Hooge geht das nicht. Sitze ich mit einem unbekannten Mann in einem Restaurant, weiß in Windeseile ein Teil der Halliggemeinde Bescheid. Gehe ich mit einem Mann auf dem Deich spazieren, machen wilde Spekulationen die Runde. In so einem Fall ist die Enge auf einer Hallig schwer zu ertragen. Rücksicht auf die Privatsphäre wird dann nicht genommen.

»Ist das nicht der ...?«, heißt es dann, oder: »Geht da was?«

»Der ist doch verheiratet!«, wird getuschelt, oder: »War der nicht mal mit der Dings zusammen?«

Noch ehe ich mir auch nur im Entferntesten ausmalen kann, was dieser Mann für mich und mein Leben bedeuten könnte, haben sich die Ersten auf der Hallig schon ein Bild gemacht. Mal abgesehen davon, dass ich auch schon mit meinem ehemaligen Chef, mit meinem Cousin oder einfach nur einem Freund spazieren gegangen bin, was zu abenteuerlichen Gerüchten führte. Um solch einer Situation aus dem Weg zu gehen, kann man natürlich versuchen, ungesehen mit seinem Besuch nach Hause zu kommen, aber wenn man dann wiederum beim gemeinsamen Verlassen des Hauses gesehen wird, regt das die Fantasie der Betrachter umso mehr an. Ich spreche aus Erfahrung.

So stand ich also im Mondlicht an meinem Fenster und ließ unser Kennenlernen noch einmal Revue passieren. Schon unser erster Kontakt per E-Mail war irgendwie besonders. Obwohl es ein rein geschäftlicher Kontakt war, kribbelte es irgendwie schon zwischen den ersten Zeilen. Im Nachhinein erfuhren wir voneinander, dass wir beide vor seinem ersten Besuch auf Hooge aufgeregt waren. Obwohl wir uns beide an die Regeln der Gastgeberin und des Gastes hielten, spürten wir, dass da mehr zwischen uns war. Er blieb eine Woche, aber nichts passierte. Keiner traute sich, den ersten Schritt zu machen und die Gefahr einzugehen, die vertraute Stimmung, die sich zwischen uns aufgebaut hatte, aufs Spiel zu setzen. Mit einem Lächeln im Gesicht erinnerte ich mich an die Gespräche und überhaupt an die vergangene Woche mit ihm. Tatsächlich fing ich sogar ein bisschen an zu träumen. In Dirk sah ich endlich einen Mann für die Realität. Ein Mann für ein gemeinsames Leben auf Hooge. Mit diesen Gedanken und einem schönen Gefühl ging ich daraufhin ins Bett.

Sein Abreisetag stand bevor und mir war trotz der Träumerei bewusst, dass er nun wieder nach Hause fahren würde, in seinen Alltag, in seine gewohnte Umgebung. Morgens frühstückte Dirk wie immer und machte danach noch einen langen Spaziergang. Seine Fähre ging am Nachmittag. Als er seine Tasche im Flur abstellte und sich für die Abreise verabschieden wollte, nahm er mich plötzlich in den Arm. Er wollte nicht abreisen, wir wollten uns nicht loslassen. Endlich hatte er sich einen Ruck gegeben und mir damit gezeigt, dass ich mir das Kribbeln und das Gefühl zwischen uns nicht nur einbildete. Mir fiel ein Stein vom Herzen, obwohl ich ihn gleich darauf wieder loslassen musste. Dirk musste fahren, aber der Kontakt brach von da an nicht mehr ab und drei Monate später hatte er sich schon wieder eingemietet. Ihn jetzt als »normalen« Gast am Anleger zu begrüßen, fiel mir schwer. Wir wollten diesen Moment aber nicht zur Schau stellen und so warteten wir mit der Umarmung, bis wir in meinem Haus waren. Für ein paar Tage konnte er bleiben, er hatte eine kurzfristige Stornierung einer meiner Ferienwohnungen genutzt. So hatten wir endlich Raum und Zeit, um uns kennenzulernen. Wir haben geredet und geredet und er erzählte von seiner privaten Situation. Er sprach von seiner Ehe, von den Kindern und seiner Selbstständigkeit. Von heute auf morgen hätte er nicht alles ändern können, aber er wollte es. Er wollte raus aus seinem Leben, das ihm schon lange keine Freude mehr bereitete. Er erzählte mir alles. Offen und ehrlich. Ich konnte verstehen, warum er flüchten wollte, konnte nachvollziehen, warum seine Sehnsucht nach Hooge immer stärker wurde. Und ich glaubte ihm, dass er eine Beziehung mit mir wollte.

Ein paar Wochen später trafen wir uns in Hamburg und danach war er ein drittes Mal innerhalb eines halben Jahres nach Hooge gekommen, diesmal zu mir privat. Irgendwie hatten wir es geschafft, nicht allzu sehr zum Gesprächsthema zu werden. Obwohl die ein oder andere Frage wie »War der nicht letztens erst bei ihr zu Gast?« doch zu mir durchsickerte. Als wir uns entschieden, es tatsächlich miteinander zu versuchen, mit allen Konsequenzen, bat ich ihn um eine einzige Sache: »Wenn du irgendwann eine andere Entscheidung treffen möchtest, dann bleib bitte nicht einfach weg. Erkläre es mir, damit ich die Chance habe, es zu verarbeiten.«

Eine Weile war es wunderbar, es fühlte sich gut an und ich konnte mich sogar wieder daran gewöhnen, kein Single mehr zu sein. Es machte Spaß, an Dirks nächsten Besuch zu denken, es brachte Freude, über Ideen für einen gemeinsamen Weg auf Hooge nachzudenken, denn auf Dauer wollten wir keine Fernbeziehung führen.

Doch dann geschah das, was ich wohl doch irgendwie vorausgeahnt hatte. Er blieb weg! Von heute auf morgen! Er meldete sich nicht mehr. Sendepause. Abgetaucht. Ich war enttäuscht, traurig – das volle Programm eben. Aber das volle Programm auf der Hallig und in meinem Betrieb! Weder wollte ich meine Gäste noch die Halligleute an meinem Gefühlschaos teilhaben lassen. Wieder einmal ging mir die Enge des Mikrokosmos Hallig gegen den Strich, denn ich wollte meine Wut hinausschreien und auch meiner Trauer freien Lauf lassen, aber ich riss mich zusammen. Und das war auch gut so. Der Jahreswechsel stand vor der Tür und so bewahrte ich mir das für die Silvesternacht auf, in der es kalt und windig war. Ich war allein auf dem Deich am Landsende und schrie alles auf das Meer hinaus, was raus musste. Ich beschimpfte diesen Mann, verfluchte die Enge auf der Hallig und verfluchte noch so einiges mehr. Danach ging es mir besser! Jeden Tag ein Stückchen mehr, denn der Verstand schaltete sich wieder ein. Ich dachte sehr viel über die gemeinsame Zeit nach und unterm Strich war ich froh, dass ich sie erleben durfte. Zeigte sie mir doch, dass ich lieben kann, wenn ich mich öffne. Dennoch musste ich wieder einmal erst loslassen.

Ein Jahr später meldete er sich wieder. Genauso von jetzt auf gleich, wie er vorher verschwunden war. Er bat mich um Verzeihung. Er konnte damals nicht anders reagieren, seine Gefühle übermannten ihn. Die Gefühle zu mir, aber auch die Gefühle zur Hallig. Die Sehnsucht, auf diese zu flüchten, wurde so groß, dass er letztendlich die Realität aus den Augen verlor. Er musste einen Schlussstrich ziehen. Heute ist er geschieden und kommt wieder ein- bis zweimal im Jahr auf die Hallig. Zwischen uns ist es nicht mehr so, wie es einmal war, aber tatsächlich haben wir eine gute Basis gefunden. Wir gehen offen und ehrlich miteinander um, sind sehr vertraut. Er genießt es jedes Mal, auf die Hallig zu kommen, und ich genieße es immer wieder, ihn dabei zu beobachten, wie schnell er hier ankommt. Einen Menschen dabei zu beobachten, wie die Hallig ihn berührt, ist für mich immer wieder ein unbeschreiblich schöner und intensiver Moment. Die Hallig fasst einen auf eine wunderbare Art und Weise an und es ist ein Geschenk, wenn man das aushalten kann.

## KAPITEL 16

# *Vorurteile, Wahrheit oder reden die Leute nur?*

In einem Interview mit einem ehemaligen Nachbarn von mir las ich einmal den Satz: »Gesellschaft heißt nicht automatisch Gemeinschaft.« Ich finde diese Aussage wunderbar, da sie so tiefgründig ist. Ehrlich gesagt habe ich viele Jahre geglaubt, dass es nur das eine gibt, nämlich die Gemeinschaft, und habe es mir dadurch vermutlich schwerer gemacht, als es nötig war. Mir war es wichtig, dazuzugehören. Aber wann gehört man denn überhaupt dazu? Und wozu überhaupt – zur Gemeinschaft oder zur Gesellschaft?

Wahrscheinlich ist die Gemeinschaft das innigere Gefühl und die Gesellschaft das allgemeinere. Zur Halliggesellschaft gehöre ich ganz bestimmt, aber gehöre ich auch zur Halliggemeinschaft? Interessant wäre es, dazu Nachbarn und Mitbürger zu befragen. Mit Sicherheit kämen sehr kontroverse Meinungen zum Vorschein. Wenn sich denn überhaupt jemand offen und ehrlich dazu äußern würde. Folgendes würde ganz bestimmt gegen meine Gemeinschafts-Zugehörigkeit sprechen: Ich gehe selten aus, man sieht mich kaum auf Geburtstagen, an Festen nehme ich am liebsten teil, wenn ich dort eine Aufgabe habe. Ich weiß, wie wichtig diese Veranstaltungen sind. Sie sind für die Gemeinschaft existenziell. Ich würde jedem Neubürger raten, an diesen teilzunehmen, obwohl ich für mich vor ein paar Jahren anders entschied. Manchmal glaube ich, damit den größten Fehler begangen und mich selbst aus der Gemeinschaft ausgeschlossen zu haben.

Als meine Eltern noch auf der Hallig lebten, war es für mich ganz einfach. Ich konnte mich vor allem bei meinem Stiefvater einklinken, denn er nahm an fast allen Feierlichkeiten teil. So musste ich nicht allein gehen – das konnte ich noch nie leiden. Seitdem meine Eltern nicht mehr auf Hooge wohnen und ich den Betrieb ganz allein betreibe, bin ich tagsüber so eingespannt, dass es mir nicht schwerfällt, auf Abendveranstaltungen zu verzichten. Oft bin ich froh, Feierabend machen und ins Bett gehen zu können.

Vor einigen Jahren bildete sich auf Hooge ein kleiner Chor. Ich bin seit der ersten Stunde dabei, weil ich sehr gern singe. Außerdem fand ich es toll, dass dieser Chor anfangs generationsübergreifend war. Irgendwann gingen wir zu den Geburtstagen unserer alten Hooger, um ihnen ein Ständchen zu überbringen. Das war ein Weg für mich, wieder an Feiern teilzunehmen, ohne allein hingehen zu müssen. Zweifel gab es meinerseits trotzdem. Ist es im Anschluss an das Singen angemessen, sich der Geburtstagsgesellschaft anzuschließen und an der Kaffeetafel teilzunehmen, bloß weil ich zwei Liedchen gesungen habe? Ich dachte mir, dass sich das eigentlich nicht gehört, und ging dann meistens recht früh nach Hause. Meine Unsicherheit und meine Sorge, unhöflich zu sein, überwiegen heute manchmal noch. Dann frage ich mich, ob ich mir gegenüber zu streng bin oder ob ich einem Vorurteil auf den Leim gegangen bin? Habe ich den Hoogern unterstellt, dass sie mit mir härter ins Gericht gehen, als ich es selbst tue?

Man sagt, dass hier jeder jeden kennt, dass man immer gesehen wird und man weiß, wer beim Nachbarn gerade zu Besuch ist. Auf jeder zweiten Fensterbank steht ein Fernglas – offiziell um die Fähre im Visier zu behalten, um zu sehen, ob Wattwanderer den richtigen Weg einschlagen, um zu gucken, ob wieder ein Kalb am obersten Ende der Fenne geboren wurde, oder um Vögel zu beobachten. Wir leben hier zwar in einer unendlichen Weite und dennoch ist der Lebensraum sehr begrenzt. Man läuft sich zwangsläufig immer wieder über den Weg, aber kenne ich dadurch die Person, der ich begegne? Weiß ich tatsächlich etwas über einen Menschen, der mir letztens auf dem Deich mit einer für mich fremden Person genau vor das Fernglas lief?

»Das passierte just in dem Augenblick, als ich eine Streifengans mit dem Fernglas verfolgt hatte«, könnte dann eine Erklärung für die Zufallsbeobachtung sein. Diese Enge kann dazu führen, dass man selbst in eine Rolle schlüpft, sobald man sein Haus verlässt. Ich weiß nicht, ob andere Halligbewohner das bewusst machen, ich habe diese Aussage allerdings schon öfter gehört. Und ganz ehrlich: Ich mache es auch. Ich schlüpfe in eine Rolle, wenn ich nach draußen gehe, denn ich weiß, dass ich gesehen werde – ob bewusst oder zufällig, steht auf einem anderen Blatt.

Auch habe ich schon des Öfteren erlebt, dass die Menschen hier in der Öffentlichkeit nicht ihre eigene Meinung äußern. Es heißt dann:»Die Leute sagen ...« oder »Ich habe gehört, dass ...«. Mir fehlt es, dass man seine eigene Meinung äußert. Zumindest in meinem persönlichen Umfeld. Mir fehlt die Offenheit und dass man auch mal eine Position einnimmt und für sie eintritt. Und sich nicht mit einem »Da mische ich mich nicht ein« murmelnd zurückzieht.

Wir hocken hier zwar eng aufeinander und sehen alles (mehr oder weniger), aber das heißt noch lange nicht, dass wir Nähe zulassen – eher im Gegenteil. So lautet meine Interpretation dieser Form des gesellschaftlichen Miteinanders. Ein Miteinander, das ich versuche sowohl von außen zu betrachten, als auch aus meiner Perspektive zu durchleuchten und letztendlich auch zu verstehen – was mir nicht sonderlich gut gelingt. Seit Jahrzehnten hält sich die Aussage: »Hier kennt jeder jeden, hier weiß jeder über den anderen Bescheid.« Ist es ein Vorurteil, das eventuell von Gästen oder Journalisten eingeschleppt wurde, weil sie nur den oberflächlichen Blick auf das gesellschaftliche Miteinander haben, oder entspricht es der Wahrheit, weil sich wiederum Halligbewohner in dem Glauben wägen, sie kennen ihren Nachbarn, weil sie ja schließlich alles mitbekommen? Manchmal auch das, was nicht passiert! Weiß ich über den anderen Bescheid, weil ich mit ihm auf allen Geburtstagen bin, weil ich alle Feste mit ihm feiere und wir somit der Gemeinschaft angehören? Ist es tatsächlich so einfach, dazuzugehören? Ergibt sich daraus der Umkehrschluss: Wer nicht an Festen und Feiern teilnimmt, gehört auch nicht zur Gemeinschaft?

Das sind Fragen, die mich heute mehr denn je beschäftigen. Ich glaube, eine einzige Antwort darauf gibt es nicht. Und noch weniger die richtige oder die falsche. Wahrscheinlich werde ich nie die Antwort bekommen, ob ich zur Hooger Gemeinschaft gehöre oder nicht, denn jeder, einschließlich mir, wird es anders sehen. Im Grunde fühlt es sich für mich auch jeden Tag anders an. Letztendlich kommt es darauf aber gar nicht an. Inzwischen glaube ich, dass es viel wichtiger ist, dass man sowohl die Hooger Gemeinschaft als auch Gesellschaft akzeptiert, und das tue ich! Ich finde die Traditionen rund um Geburtstage oder diverse Feste wichtig und schön.

Wenn ich in alten Berichten nachlese, die von Hooge oder von Hoogern handeln, stolpere ich immer wieder über genau die gleichen Fragen. Sie beschäftigen also nicht nur mich. Wer gehört dazu, und wenn überhaupt, warum? Hat man auf einer Hallig Freunde und wie ist das mit den Gerüchten und den Vorurteilen? Ist es für Freundschaften oder enge Beziehungen vielleicht tatsächlich zu eng auf einer Hallig? Ist man eine Schicksalsgemeinschaft, in der es gar nicht ausbleibt, zusammenzurücken und sich einander anzuvertrauen? Kommt man hier wirklich nur zurecht, wenn alle an einem Strang ziehen und keiner mit einer anderen Meinung ausschert?

Während ich darüber sinniere, wird mir aber eines klar: Egal, ob Gesellschaft oder Gemeinschaft – es kommt nicht darauf an, dazuzugehören. Manchmal kann man alles dafür tun, um Anerkennung zu bekommen, um eingeladen zu werden oder um eben das Gefühl der Dazugehörigkeit zu erleben. Letztendlich ist es nur wichtig, dass ich meinen Lebensmittelpunkt gefunden habe, an einem Ort, an dem ich mich wohlfühle, den ich liebe und mein Zuhause nenne. Egal ist auch, ob Vorurteile, Gerüchte oder Unwahrheiten über mich kursieren. Vertrauen ist eine Entscheidung, die jeder Einzelne für sich treffen muss. Entscheidet sich jemand, das zu glauben, was er über mich gehört hat, weil die Leute darüber reden, dann ist das so. Das muss ich aushalten, wenn ich auf einer Hallig leben will. Es kommt ausschließlich darauf an, was ich an mich ranlasse und was ich ertrage. Zugegeben, das ist manchmal leichter gesagt als getan, daher ja auch mein Rückzug. An diesem Punkt sehe ich allerdings auch eine Gefahr. Wenn mehrere Menschen so denken und handeln wie ich, wird sich die Gesellschaft langsam, aber sicher verändern. In eine Gesellschaft, der man jetzt schon nachsagt, dass sie oberflächlich, wortkarg und introvertiert sei. Der man nachsagt, dass sie eine Bühne betreten würde, sobald man das Haus verlässt. Das mag eine Art Selbstschutz sein – keine Frage! Auf Dauer wird das aber keiner leben können, ohne letztendlich doch einen Schaden davonzutragen oder Konsequenzen daraus zu ziehen. Eine Konsequenz könnte der dauerhafte Rückzug sein. Das bedeutet, dass man sich nur frei und privat fühlt, wenn man sich in seinen eigenen vier Wänden aufhält. Der Wegzug wäre eine Konsequenz, eine harte und vor allem endgültige. Aber auch der Entschluss: Ich mache mein eigenes Ding, könnte eine Konsequenz sein. Das kann ich heute besser nachvollziehen als noch vor ein paar Jahren. Wenn in einer Gesellschaft aus rund hundert Personen jeder nur noch sein eigenes Ding macht, wird man auf Dauer auch das gesellschaftliche Miteinander verlernen. Dann werden Vorurteile vielleicht sogar zur Wahrheit. Das Thema wird mich ganz bestimmt noch eine Weile beschäftigen. Denn der Rückzug oder nur noch sein eigenes Ding zu machen, kann nicht die beste Lösung sein.

In diesem Zusammenhang fällt mir eine weitere Aussage ein, die ich letztens von einer Nachbarin gehört habe. Man kann sie als Vorurteil oder Wahrheit annehmen: »Die Neuen verändern die Halliggemeinschaft und die Hooger sterben bald aus.«

Ist damit tatsächlich nur die Gemeinschaft gemeint oder auch die Gesellschaft oder haben alle Neuen (wer auch immer genau damit gemeint ist) wirklich die gebürtigen Halligleute auf dem Gewissen? Ich weiß es nicht, ich höre die Leute ja nur darüber reden.

## KAPITEL 17

# Der Deichgraf, Herr Hinkelmeier und das Thema Freundschaft

Meine Mutter und ich nahmen im August 2000 morgens um acht Uhr die Fähre von Hooge aufs Festland, um nach Glückstadt zu fahren. Ich war gerade zu Besuch bei meinen Eltern. Es war mein letzter Urlaub bei ihnen, bevor ich im Oktober selbst auf die Hallig ziehen sollte. Wir waren der Meinung, das uns zum perfekten Halligglück ein vierbeiniges Familienmitglied fehlte, denn wir mussten unsere Hündin Chira im Januar einschläfern lassen und seitdem fehlte ein Vierbeiner im Haus am Landsende.

In Glückstadt angekommen, bestiegen wir die Elb-Fähre, denn wir hatten in Wischhafen, dem gegenüberliegenden Fährhafen, eine Verabredung. Wir sahen sie sehr schnell. Die Züchterin mit den beiden Hunden an der Leine fiel auf. Es waren junge, aber bereits gut erzogene Hunde. Die zierliche und ruhige Fanni und der wesentlich größere, etwas nervöse Rüde, Chico. *Ich wollte einen Hund und kein Kalb!*, war mein erster Gedanke.

Wir hatten Zeit und so konnten wir uns alle in Ruhe beschnuppern. Meine Mutter und die Züchterin waren sich im Juli auf Hooge begegnet. Sie war mit der jungen Hündin für einen Tagesbesuch auf Hooge und die beiden Frauen kamen schnell ins Gespräch. Meine Mutter fragte, ob es noch Geschwister aus dem Wurf gäbe, aber es waren bereits alle vermittelt. Trotzdem wurden Telefonnummern ausgetauscht. Zum Glück! Denn eine Woche später kam der Anruf.

»Ein Rüde ist zurückgegeben worden«, sagte die Züchterin. »Er wurde den neuen Besitzern zu groß und außerdem passte ein Hund doch nicht in ihre Lebensplanung.«

Ich kann Menschen, die so leichtfertig und lieblos mit einem Tier umgehen, nicht leiden! Als ob es sich um ein Paar Schuhe handelt, das einem zu klein geworden ist. Was für eine Überraschung, dass ein Hund, noch dazu ein Rüde, mit zehn Monaten noch nicht ausgewachsen ist. Und welch Überraschung, dass ein Nachkomme einer belgischen Schäferhündin und eines amerikanischen Collies sich nicht wie ein deutscher Zwergpudel entwickelt!

Da stand er also. Mit seinem knappen Jahr bereits ein kräftiger Rüde und wir verliebten uns sofort in ihn. Chico hatte weder die typischen Collie-Ohren noch -Farben in seinem dunklen wuscheligen Fell, aber die offene Herzlichkeit von Lassie, wie wir sie alle von dem wunderbaren Hund aus dem Kino kennen, sprühte nur so aus dem lebensfrohen Hund heraus. Als »weichen Schäferhund« umschrieb ich ihn immer. So groß und erwachsen er auf den ersten Blick schien, so klein und ängstlich war er aber noch. Wir nahmen ihn sofort mit und bekamen sein sensibles Wesen auf der Rückfahrt gleich zu spüren. Chico saß die meiste Zeit und jammerte uns gute 160 Kilometer lang die

Ohren voll. Während der beiden Pausen war er wie ausgewechselt. Die Neugierde war unersättlich, alles roch spannend und vielversprechend, sodass er für den Moment alles andere um sich herum vergaß. Sobald wir aber wieder im Auto waren, ging das Gejammer von vorn los. Tröstende Worte waren sinnlos, ebenso Beschimpfungen, nichts konnte ihn beruhigen oder gar ermutigen. Wir wussten ja, dass er in gute Hände gekommen war, aber ihn konnten wir zu diesem Zeitpunkt noch nicht davon überzeugen.

Auf der Fähre nach Hooge angekommen, riss mir dann der Geduldsfaden. Chico saß direkt hinter uns beiden, der Kopf fast zwischen uns und heulte meiner Mutter und mir unablässig direkt in die Ohren. Da drehte ich mich um, setzte mich auf den Knien auf den Sitz, sodass wir Auge in Auge saßen, und fauchte ihn an.

»Wenn du nicht sofort mit deinem Gejammer aufhörst, schmeiß ich dich aus dem Auto raus und dann kannst du zusehen, wie du allein weiterkommst!«

Chico guckte mich mit großen Augen an.

»Da brauchst du gar nicht so zu gucken! Du kannst dir gern auf Langeneß ein neues Zuhause suchen, vielleicht gefällt es dir dort ja besser als bei uns!«

Es war mäuschenstill im Auto, alle drei hielten wir den Atem an. Chico senkte seinen Kopf so weit, dass ich direkt auf seine Stirn guckte. Ohne den Kopf zu heben, öffnete er die Augen, drehte sie nach oben, bis er mir genau in die Augen sehen konnte. Ein Blick, der mir durch Mark und Bein und vor allem durch das Herz ging. Von jetzt auf gleich hatte ich Tränen in den Augen und ich konnte nicht anders, ich musste mich bei ihm entschuldigen und ich habe alle Drohungen zurückgenommen.

Meine Mutter bekam sich nicht mehr ein vor Lachen und ich konnte es einfach nicht fassen, wie dieser Hund mich mal eben schachmatt setzte. Von diesem Augenblick an war es um uns beide geschehen. Obwohl ich noch einmal für zwei Monate wegmusste und Chico sich in der Zeit sehr an meine Eltern gewöhnte, wuchsen wir zusammen, ganz besonders in den Jahren, die wir dann allein auf Hooge wohnten.

Chico war mein dritter Hund. Die ersten beiden waren schon etwas ganz Besonderes, aber unsere Beziehung übertraf alles. Wir waren ein Team. Elf Jahre lang war er mein ständiger Begleiter im Haus, im Garten, bei Veranstaltungen und sogar auf Sitzungen. Es war wunderbar zu beobachten, wie er mit jedem Jahr gelassener und selbstsicherer wurde. Die ersten zwei Jahre waren sehr anstrengend. Er konnte nicht allein sein, denn die Angst, wieder verlassen zu werden, steckte immer noch in ihm. Das Vertrauen zueinander wuchs und sein Selbstbewusstsein ebenso. Irgendwann war es für ihn dann endlich selbstverständlich, dass er draußen auf der Warftkrone lag, während ich im Haus zu tun hatte. Das wurde sein Lieblingsplatz, egal, ob ich in unmittelbarer Nähe war oder nicht. Er saß dort, der Wind wehte durch sein langes Fell und er hielt die Nase hoch in die Luft. Oder er lag mit erhobenem Kopf und ließ den Blick ruhig über die Hallig schweifen. Immer majestätisch, immer beobachtend. Gingen Fremde an der Warft entlang, interessierte ihn das nur beiläufig. Gingen Hausgäste auf die Auffahrt zu, sprang er hoch, schnappte sich irgendein Spielzeug und lief diesen schwanzwedelnd entgegen, um sie zu begrüßen. So kam es auch, dass er von einem Stammgastpaar den Namen Deichgraf bekam – einen treffenderen Namen hätte es nicht geben können. Und vermutlich war sich Chico seines neu gewonnenen Adelstitels durchaus bewusst. Liefen wir gemeinsam den Weg zur Badestelle Landsende hinunter, hatten wir meistens ein Spielzeug dabei. Ein Ball, ein Stock oder sein Lieblingsspielzeug, den Flieger. Ein orangefarbener Gummiball an einer dreißig Zentimeter langen, bunten Kordel. Den konnte man herrlich weit werfen (mit Rückenwind flog er noch ein paar Meter weiter). Missglückte ein Wurf oder fing Chico diesen Flieger nicht direkt beim ersten Mal auf, kam es durchaus vor, dass das Spielzeug in einen der Gräben, die rechts und links des Weges entlanglaufen, fiel. Da in diesen Gräben nicht sehr viel Strömung ist, lagert sich hier Schlamm ab. Rutscht man in diesen hinein, ist der Geruch, der sich dann an die Schuhe, die Kleidung oder an die Haut heftet, nicht sonderlich angenehm, auch wenn behauptet wird, dass eine Schlammpackung etwas Gesundes sein soll – lecker riechen tut sie jedenfalls nicht.

Na ja. Chico musste das wissen. Für nichts auf der Welt hätte er auch nur eine Pfote in einen dieser Gräben gesteckt! Fiel sein Spielzeug hinein, lief er bis zum äußersten Rand, guckte in diesem Fall dem Flieger hinterher und fing an zu bellen. Helle, kurze und sehr laute Rufe gab er dann von sich. Dabei lief er ein paar Meter rauf und dann wieder runter, guckte zu mir, als ob er mich fragen würde: »Wo bleibst du denn, siehst du nicht, was passiert ist?« So blieb mir also nichts anderes übrig, als mich auf den Bauch zu legen und nach dem Flieger zu fischen. Schwanzwedelnd nahm Chico sein Spielgerät sofort entgegen und stolzierte weiter, ohne sich auch nur einmal umzudrehen und abzuwarten, ob ich trocken und sicher auf die Füße kam. Kamen wir dann allerdings an der Badestelle an, lief er mit Anlauf in die Wellen. Er liebte es, egal zu welcher Jahreszeit, ins Wasser zu springen und ein paar Runden zu schwimmen. Im sauberen Nordseewasser. So war er, mein Chico. Stinkender Schlamm ist eben nichts für einen Deichgrafen!

Zwei Wochen nach seinem zwölften Geburtstag starb Chico und unsere Wege trennten sich wieder. Wer ihn kennengelernt hat, weiß, welch besonderer Charakter seitdem auf der Ockenswarft fehlt. Noch heute sehe ich ihn auf seinem Platz auf der Warft liegen, mit dem Blick über seine Hallig schweifend. Und noch heute sprechen mich Gäste und Freunde auf den Deichgrafen an. Es ist schön zu wissen, dass er einen Platz in so vielen Herzen hat.

Einen Platz in vielen Herzen hat auch Herr Hinkelmeier eingenommen. Ich weiß gar nicht mehr genau, wann er mir aufgefallen ist. Plötzlich war er einfach da. In meinem Garten. Ich glaube, das war im Frühjahr 2013. Ein hübscher schwarz glänzender Amselmann, dessen rechtes Bein unnatürlich vom Körper abstand. Trotzdem machte er einen guten und aufgeweckten Eindruck und er fühlte sich sogar angesprochen, als ich ihn fragte, woher er komme und was mit seinem Bein passiert sei. Eine Antwort bekam ich nicht, aber die Rosinen, die ich ihm durch das Küchenfenster auf die Terrasse warf, holte er sich ganz flott ab. An dieses Ritual gewöhnten wir uns beide sehr schnell. Auch als er seine Jungen im Garten auf das Vogelleben vorbereitete, kam er regelmäßig seine Ration nicht nur abholen, sondern forderte sie inzwischen auch ein. Manchmal saß er auf der Buchsbaumhecke und ließ mehrere, kurz aufeinander folgende »Piep«-Rufe ertönen. Er trainierte mich regelrecht auf diesen Ruf und egal, was ich im Haus gerade erledigte, ich hörte ihn. Es dauerte nicht lange, da hatte ich in der Küche immer schon eine kleine Portion für Herrn Hinkelmeier vorbereitet. Saß er nicht unter der Hecke, in der Lücke zwischen zwei Buchsbäumen, so saß er obendrauf und rief nach mir. Wenn er es gar nicht aushielt und mir weismachen wollte, dass er kurz vor dem Hungertod stehe, setze er sich auf den Gartenschlauchwagen, sodass er direkt durch das Fenster in die Küche gucken konnte. Wenn das nicht ausreichte, schlug er noch zusätzlich dramatisch mit den Flügeln. Kam ich dann in sein Sichtfeld, konnte er tatsächlich noch eins daraufsetzen, um seiner Not noch mehr Ausdruck zu verleihen. Er flog laut piepend von dem Wagen auf die Hecke, hüpfte auf dieser herum, um von dort wieder auf den Wagen zu fliegen und noch einmal auffordernd in meine Küche zu gucken. Manchmal war er sogar beleidigt. Wenn ich für einen Tag ans Festland musste, konnte ich ihm morgens eine Portion Rosinen hinlegen und die nächste erst wieder am Abend, wenn ich zurück war. Das fand er gar nicht gut! Er bestrafte mich daraufhin mit seiner Abwesenheit am nächsten Tag. Wenn ich Glück hatte, kam er am Nachmittag wieder, wenn er stur war, blieb er den ganzen Tag weg. Aber spätestens am zweiten Morgen war er wieder da und verlangte sein Frühstück. Herr Hinkelmeier, diesen Namen habe ich ihm spontan gegeben, war wirklich ein beeindruckender kleiner Kerl.

Auch den Winter über blieb er immer in der Nähe meines Hauses. Vor allem in der kalten Jahreszeit machte ich mir Sorgen um ihn, denn Gefahren lauern an vielen Ecken. Ich baute einen kleinen Unterschlupf unter dem Gartentisch, von beiden Seiten offen, aber überdacht. Etwas Stroh lag darin und tatsächlich saß Herr Hinkelmeier oft dort. Von da aus hatte er einen guten Blick auf mein Küchenfenster. Jan, ein Freund von mir, der auf der benachbarten Hanswarft die kleine Landwirtschaft seines Vaters betreibt, kannte Herrn Hinkelmeier inzwischen auch. Er war ebenso wie ich davon überzeugt, dass er ein besonderer Vogelmann war, und hat mir beim Bau des Unterschlupfs geholfen. Darüber hinaus wurde Jan zum Amselsitter, wenn ich aufs Festland musste. Zum einen wollte ich nicht mehr, dass Herr Hinkelmeier mit mir beleidigt war, wenn ich mal wegmusste, und zum anderen wollte ich ihn vor allem im Winter gut versorgt wissen. So fuhr Jan dann zwei-, dreimal am Tag zu mir und in der Regel dauerte es nicht lange und Herr Hinkelmeier kam angeflattert, bekam seine Rosinen und war zufrieden. Eine Männerfreundschaft war geboren.

Im Sommer standen die Revierkämpfe an. Herr Hinkelmeier musste viel einstecken, denn die Halbstarken waren wohl der Meinung, dass er aufgrund seines abstehenden Beines als Herr des Gartens abdanken sollte. Ich weiß nicht, was mit seinem Bein war. Vermutlich hat er es sich bei einem früheren Kampf oder Unfall ausgerenkt. Es schränkte ihn ein bisschen beim Kurvenflug ein, manchmal dachte ich, er würde sie nicht kriegen, aber er schaffte es immer. Im Großen und Ganzen war er genauso fit wie alle anderen Amseln auch. Allerdings passierte bei einem dieser morgendlichen Kämpfe im Garten etwas Schreckliches. Herr Hinkelmeier kämpfte gut, aber sein Rivale drängte ihn unter die Buchsbaumhecke. Das war eigentlich kein Problem, der buchstäbliche Haken war aber eine Astverzweigung innerhalb der Hecke. Das Bein von Herrn Hinkelmeier blieb in dieser Verzweigung hängen und somit war er kampf- und letztendlich auch bewegungsunfähig. Da konnte ich mich nicht mehr zurückhalten. Ich lief blitzschnell um das Haus herum in den Garten, aber ungefähr zwei Meter vor ihm blieb ich abrupt stehen. Was sollte ich tun? Er schrie immer noch – ich wusste nicht, ob vor Schmerz oder vor Panik, und es wurde leider nicht weniger, als ich auf ihn zukam. Mein Herz raste und ich hatte Angst und

Sorge zugleich. Es blieb mir nichts anderes übrig, ich musste ihn da rausholen. Ich sprach ruhig auf ihn ein, kam langsam näher und ging neben ihm in die Hocke. Ich fasste unter sein Bein und schob es mit einem Finger vorsichtig nach oben, sodass er wieder frei war. Er schrie währenddessen immer noch und als er aus der Falle befreit war, flog er auf und davon. Ich dachte, ich sähe ihn nie wieder. Ich war völlig von der Rolle, denn dieser kurze, aber dennoch heftige Moment mit meinem gefiederten Hausfreund hatte mich sehr berührt. Am späten Nachmittag kam er endlich wieder um die Hausecke geflogen und setzte sich auf seinen Platz auf der Terrasse, wo er auch sofort seine Rosinen bekam. Er musste sich wohl ebenso von dem Schock erholen wie ich. Sowohl auf den Vorfall mit seinem Bein bezogen, als auch darauf, dass ich ihm plötzlich so nah kam.

Er zog ein weiteres Mal Junge im Garten groß und es war eine Freude, ihm dabei zuzugucken. Vor allem war es ein Genuss, ihm zuzuhören. Am frühen Abend setzte er sich häufig auf einen ganz bestimmten Ast der kleinen Eiche hinter dem Haus und sang sein Lied. Vor dem Haus hatte er auch zwei Stammplätze, aber für mich war es besonders schön, wenn er in der Eiche saß. Im letzten Sommer war er häufiger in meiner Nähe, wenn ich im Garten arbeitete. Dann dauerte es meistens nicht lange und er tauchte auch auf. Mir ging jedes Mal das Herz auf, wenn er sich auf seinen Ast setzte und sein Lied anstimmte. Nach ein paar Minuten machte er eine Pause, steckte den Schnabel unter seinen linken Flügel und hielt ein Schläfchen. Manchmal hatte ich das Gefühl, als ob er mich beobachten würde, aber so ganz genau konnte ich das auf die Entfernung nicht erkennen. Ich bin mir aber fast sicher, ab und zu sein kleines schwarzes Auge unter dem Flügel hervorblitzen gesehen zu haben. Nach der Pause fing er wieder an zu singen. Seine Melodie war unverwechselbar und wunderschön, es waren immer wieder einzigartige Momente.

Ich weiß nicht, wie alt Herr Hinkelmeier wurde, ich weiß nur, dass er auf der Ockenswarft fünf oder sechs Jahre bewusst wahrgenommen wurde. Im November 2015 war seine Zeit leider gekommen. Ich bin froh, dass ich die Chance hatte, ihn zu begraben. So hat er auch weiterhin seinen Platz im Garten. Zwar nicht unter der Eiche, aber unter dem großen Buchsbaum im gelben Beet, auf dem er gern ganz oben drauf saß, um nicht zu sagen: thronte.

Neben diesen beiden besonderen Herren gibt es auch eine umwerfende Dame, die mein Herz sehr schnell erobert hat. Sie kommt ebenso wie ich aus Bayern und fühlt sich auf der Hallig mindestens genauso wohl. Leider ist sie aber immer nur von Mai bis einschließlich Oktober auf Hooge, die übrige Zeit verbringt sie in der Gegend von Flensburg, gemeinsam mit zwölf anderen Artgenossen, die als Pensionsvieh ihre Sommer bei uns verleben. Die Rede ist von Schmusi. Sie ist jetzt sechs Jahre alt und wird zum vierten Mal Mama. Sie ist die schönste und beste Kuh der ganzen Welt und sie gehört mir. Es war Liebe auf den ersten Blick und somit war für Jan klar, dass ich sie zum Geburtstag bekommen sollte. Mal was anderes! Schmusi kam wie viele andere auch mit einem knappen Jahr das erste Mal als Sommergast auf die Hallig. Der Bauer, ein Freund von Jan und mir, hatte sie kurz zuvor in Bayern gekauft, nach Schleswig-Holstein geholt, um sie zum Beginn des Frühjahrs direkt nach Hooge zu bringen. Sie und die jungen Damen aus ihrer Herde gehörten also zu dem Pensionsvieh, das die Sommermonate auf der Hallig verbringt. Die Vermietung von Weideflächen ist für einige Halligbewohner eine wichtige Einnahmequelle. Rund vierhundert Rinder sind jeden Sommer auf der Hallig. Schwarzbunte, Rotbunte, Fleckvieh, Galloways, Charolais, Limousin und viele andere wunderschöne Kühe bringen dann Farbe auf das Halligland. Schmusis Herde stand beim ersten Mal direkt unter der Ockenswarft und so dauerte es nicht lang, bis ich auf die jungen Damen aufmerksam wurde. Zuerst fiel mir aber eine Kuh auf, die humpelte. Wir mussten sie in den Treibewagen jagen, denn sie sollte Medizin bekommen. Gerade für junge, unerfahrene Kühe ist das kein Vergnügen und daher sollte eine zweite Kuh mit in den Wagen, quasi als Trösterin. Wir waren zu dritt bei den Damen und staunten nicht schlecht, als sich eine Kuh freiwillig auf den Weg zur Patientin machte, sich dicht zu ihr stellte und ihr kaum noch von der Seite wich. Von da an hatte sie ihren Namen: Schmusi. Die Patientin war nach drei Tagen wieder fit, beide konnten zurück in die Herde und sich völlig frei bewegen, aber Schmusi blieb trotzdem noch eine ganze Weile in der Nähe der ehemaligen Patientin. Ich war regelmäßig bei den Kühen, um nach dem Rechten zu gucken. Schmusi war neugierig, kam jedes Mal auf mich zu und so kamen wir uns langsam, aber sicher immer näher. Für Jan war klar, dass er diese Kuh in seiner Herde haben wollte, und er kaufte sie und ihre Halbschwester seinem Freund ab. Im Jahr darauf hatten Schmusi und ihre Halbschwester Ofive in ihrer neuen Herde ihre Plätze eingenommen.

Nie im Leben hätte ich gedacht, dass einem eine Kuh so ans Herz wachsen kann. Ich mochte Kühe früher schon und seit ich auf Hooge lebe, gab es immer häufiger Kontakt mit ihnen, aber das, was Schmusi mit einem macht, ist unglaublich. Sie wickelt alle um den Huf! Sie genießt es, gestreichelt und gekrault

zu werden, sie zieht mir die Tüte mit Leckerlis aus der Jacken-
tasche, wenn ich sie nicht freiwillig rausrücke, und sie kommt,
wenn ich sie bei ihrem Namen rufe. Sie kann zwar auch stur wie
ein Esel sein, aber das sagt man ja sowohl den Bayern als auch
den Friesen nach, also – alles im grünen Bereich!

Schmusis erstes Kalb war ein wunderschöner Bulle, den ich
Felix nannte und der genauso anhänglich war wie seine Mutter.
Danach bekam sie ein Mädchen, mit genau der gleichen Fell-
zeichnung wie ihre Mutter. Ich habe sie Sonne genannt. Einen
Tag nach meinem Geburtstag im Sommer 2016 kam Shari auf
die Welt, die optisch eher ihrem Vater ähnelt. Leider können
die Kälber nicht auf Dauer bei ihren Müttern bleiben. Das ist in
jedem Herbst immer wieder furchtbar für mich. Zwar weiß ich,
dass die Kälber einen wunderschönen Sommer auf der Hallig
mit ihren Müttern verbringen, aber dennoch ist es schwer zu
ertragen, wenn sie zum Ende der Saison voneinander getrennt
werden. Wer einmal bewusst miterlebt hat, wie eng Kühe miteinander verbunden sind, nicht nur als Mutter und Kind, sondern
auch innerhalb ihrer Herde, und somit auch miterlebt hat, wie
laut und lange Kühe trauern, der schaut mit anderen Augen auf
diese Tiere. Der sieht in einer Kuh nicht nur den Fleischlieferanten, sondern ein wunderbares und hochsensibles Wesen, das
es verdient hat, mit Respekt und vor allem artgerecht behandelt zu werden. Gerade wegen des kurzen Lebens verdienen sie
es umso mehr, ein schönes Leben zu haben. Das gilt nicht nur
für Kühe, sondern für alle Tiere, die sich der Mensch zu seinem Vorteil und Nutzen heranzieht. Die Geburt im natürlichen
Umfeld miterleben zu können, ist etwas Einmaliges. Ebenso
wunderbar ist es, die Tiere zwischen ihren Artgenossen und bei
ihren Müttern aufwachsen zu sehen. Zumindest für ein halbes

Jahr. Es wäre schön, wenn es eine Selbstverständlichkeit wäre, dass der Mensch ihnen wenigstens diese Zeit gönnt und diesen Respekt entgegenbringt, bevor er über die Trennung und letztendlich auch den Tod eines Tieres entscheidet.

Der Deichgraf, Herr Hinkelmeier und Schmusi gehören zu meinem Leben auf Hooge. Sie sind zwar keine Freunde im herkömmlichen Sinn, aber irgendwie auch doch. Freunde bringen dich zum Lachen, wenn dir zum Weinen zumute ist, Freunde können auch ohne Worte trösten. Freunde müssen nicht ständig um einen herum sein, dennoch weiß man, dass sie da sind. Ohne Freunde wäre das Leben nur halb so schön. Ohne Vierbeiner und Federvieh wäre das Leben für mich unvorstellbar und somit gehören auch Tiere zu den Wesen, die mein Leben bereichern. Sie sind ebenso Balsam für die Seele, wie es Zweibeiner sein können.

Ich habe das große Glück, sagen zu können, dass es viele Freunde in meinem Leben gibt. Und jetzt spreche ich von den Zweibeinern. Was wahre Freundschaft bedeutet und wer echte Freunde sind, erfährt man häufig erst in schwierigen Situationen. Oder wenn man eintausend Kilometer weit wegzieht – echte Freundschaften überstehen das! Dennoch ist es auf Dauer schwierig, man kann sich nicht nach Lust und Laune sehen, keine spontanen Besuche machen und Unternehmungen wie der gemeinsame Besuch eines Konzerts müssen langfristig geplant werden. Freundschaften müssen durchaus gepflegt werden. Nicht jeden Tag, umso mehr aber mit Fürsorge und Aufrichtigkeit. Freundschaft ist für mich heilig. Erst recht seitdem ich auf einer Hallig lebe und weiß, was eine wahre Freundschaft ausmacht. Geduld. Einfühlungsvermögen. Kraft. Mut. Vertrauen. Respekt. Alles in einer Person zu finden, ist fast unmöglich, darum geht es auch nicht. Es geht darum, dass sich Freunde gegenseitig sehen. Da spielt es keine Rolle, ob tausend oder zwei Kilometer zwischen einem liegen, erst recht nicht im Zeitalter von Telefon und Internet. Entweder gibt es diese Verbundenheit und diesen Blick füreinander oder es gibt ihn nicht. Und Verbundenheit heißt nicht, dass jeden Tag telefoniert werden muss. Denke ich an meine Freundin Anne, die mich bei meinem Umzug nach Hooge begleitet hat, fällt mir auf, dass wir manchmal mehrere Wochen nichts voneinander erfahren. Trotz Internet, Facebook und WhatsApp. Auch Lutz und ich hören uns längst nicht regelmäßig. Aber wenn ich einen von beiden höre oder gar sehe, dann machen wir einfach dort weiter, wo wir beim letzten Mal aufgehört haben. Lutz ruft zum Beispiel manchmal auf seinem morgendlichen Weg zur Arbeit an. Dann begrüßt er mich mit den Worten: »Hey, ich fahre gerade auf deine alte Arbeitsstelle zu und ich soll dich von der Wartungshalle grüßen!«

Er weiß, dass mir bei dem Gedanken an die große Lufthansa-Halle mit den neun Stahlstreben auf dem Dach, die schon von Weitem zu sehen sind, das Herz aufgeht. Natürlich ist es schön, einen Freund besonders in schlechten Zeiten um sich zu haben, aber das allein macht eine Freundschaft nicht aus. Sogar bei ganz alltäglichen Dingen können sich Freunde einbringen. Von einem Freund etwas beigebracht zu bekommen, hat für mich den gleichen Stellenwert, wie etwas von seinen Eltern zu lernen. Beides gibt einem etwas fürs Leben. Vor allem für das Leben auf einer Hallig, das ohne meine Freunde nicht so wäre, wie es ist. Egal, wo sie letztendlich leben.

Meine Freunde leben überwiegend im Großraum München, aber es gibt sie auch in Hamburg, Lübeck, Frankfurt,

Berlin, der Schweiz, auf Neuseeland und zum Glück auch auf Hooge. Ohne Freunde ist es nirgends auf Dauer schön. Auch nicht auf Hooge.

Jan und ich kennen uns seit nunmehr zwanzig Jahren, also schon länger, als ich auf der Hallig lebe. Seit meinen ersten Besuchen bei meinen Eltern spielt Jan eine Rolle. Er ist ein gebürtiger Hooger und mit seinem Zwillingsbruder einer der letzten, die tatsächlich auf der Hallig geboren wurden. Ende der 1960er gab es auf Hooge noch eine Hebamme. Jan entspricht der Vorstellung eines typischen Hooger Jungen: groß, schlank, blond, blauäugig. Einer, der anpacken kann und dabei nicht viele Worte verwendet. Er ist einer der zuverlässigsten Menschen, die ich kenne, und hilft jedem, der um Hilfe bittet. Meistens trägt er seine Zimmermannshose, beide Seitentaschen mit dem Werkzeug bestückt, das man schnell mal brauchen kann: Phasenprüfer, kleine Wasserpumpenzange und Zollstock. Von ihm lerne ich auch heute noch, die Hallig mit offenen Augen zu betrachten. Manchmal auf die Lebensart bezogen, manchmal auf die Natur. Es beeindruckt mich immer wieder, wie scheinbar unaufmerksam er im Sommer über die Wiesen läuft. Ich stolpere hochkonzentriert hinterher, den Blick ständig auf den Boden gerichtet. Meine Angst, ein Küken oder Ei zu zertreten, ist riesig. Die Vögel halten sich leider nicht immer an ausgewiesene Brut- und Schutzgebiete. Umso wichtiger ist es, dass der Mensch während der Brutzeit auf allen Wiesenflächen besonders gut aufpasst. Mir ist es trotzdem vor Jahren während eines Spaziergangs auf dem Deich passiert. Ein unbedachter Schritt, ein Knacken, ein Ei war unter meiner Schuhsohle. Kaputt! Die Tränen schossen mir sofort in die Augen, mir wurde ganz flau und ich empfand

Schuldgefühle. Obendrein auch noch ein Kibitzei! Mir war ganz schlecht. Ein wunderschöner Vogel, der immer seltener bei uns erfolgreich für Nachwuchs sorgen kann. Seitdem bin ich noch vorsichtiger und bin froh, wenn ich hinter Jan herlaufen kann. Trotzdem gehe ich aber nicht sonderlich entspannt. Er hingegen macht locker flockig einen großen Schritt nach dem anderen. Von jetzt auf gleich heißt es dann: »Rechts hält sich ein Austernfischerküken versteckt« oder »Da vorn ist ein Seeschwalbengelege« oder »Hier im Reet sitzt eine Eiderente auf ihrem Nest«.

Das alles und noch vieles mehr sieht er aus einer Höhe von knapp einem Meter neunzig und läuft dabei, ohne das Tempo zu verringern, weiter querfeldein. Ich bleibe jedes Mal abrupt stehen, gucke verunsichert nach rechts und links und sehe erst beim zweiten oder dritten Blick etwas von dem, das er eben erst aufzählte. Diesen Blick werde ich wohl niemals haben, ein Blick, der von klein auf für diese Besonderheiten geprägt und sensibilisiert wurde.

Andere Dinge lerne ich leichter und mit Erfolg von ihm. Bei Renovierungsarbeiten in meinem Haus ist er immer dabei. Er zeigt mir alles, einiges mache ich dann allein weiter, bei anderen Dingen packt er mit an. Sind es größere Aufgaben, kommt noch ein Nachbar dazu. Meistens sitzt zwar die Zeit im Nacken, denn bei Renovierungen in den Ferienwohnungen muss es schnell gehen, aber Spaß habe ich trotzdem daran. Ich arbeite gern handwerklich und noch lieber mit Freunden an der Seite, aber auch allein habe ich meistens Spaß daran. Nur von Elektroarbeiten lasse ich definitiv die Finger. Für solche Fälle gibt es zum Glück auf Hooge eine treue Seele, die ich immer anrufen darf. Wahre Freunde sind Gold wert und das Prinzip »Geben und Nehmen« noch viel mehr!

## KAPITEL 18

# Von München nach Hooge – klingt verrückt, ist es aber nicht

Je nach Terminen, Jahreszeit und Wetter entschied ich früher gern spontan, ob ich den Weg zur Arbeit mit dem Fahrrad, dem Motorrad, dem Auto oder der S-Bahn fuhr. Ein echtes Luxusproblem. Noch dazu, da dieser Weg entweder an der Isar entlang oder über eine Landstraße führte. Mit Stau, genervten Autofahrern oder einer überfüllten S-Bahn muss ich auch heute nicht auf dem Weg zur Arbeit rechnen. Bevor ich auf Hooge den Arbeitsbeginn einläute, steht trotzdem oft eine Entscheidung an, die den Start in den Tag noch beschaulicher gestaltet als früher. Im Sommer sind es die Kühe, denen ich den ersten Besuch abstatte, im Winter bekommen die Vögel und Enten auf der Terrasse als Erste ihr Frühstück oder ich genieße mit der ersten Tasse Tee in der Hand den Sonnenaufgang. Weder damals noch heute spreche ich von Stress auf dem morgendlichen Weg zur Arbeit.

Stress auf der Straße gab es früher natürlich ab und an. Wenn man zum Beispiel im Sommer auf die glorreiche Idee kam, am Wochenende zu einem der vielen Seen im Voralpengebiet zu fahren. Dann, wenn fast alle Münchner fuhren. Oder wenn Termine am Nachmittag in der Stadt anstanden. Zum Feierabendverkehr in Schwabing auf der Leopoldstraße. So laut kann man die Musik im Radio gar nicht drehen, um seine eigenen bösartigen Gedanken auf all die unfähigen Autofahrer um sich herum und auf die unzähligen roten Ampeln vor sich nicht mehr zu hören. Von Gelassenheit ist in solchen Momenten keine Spur. Das ist allerdings ähnlich, wenn ich mit der Fähre nicht im Stau, aber im Watt stecken bleibe. Zumindest für einen kurzen Moment. Je nachdem wie lange der Stillstand sein wird, werden, wenn nötig, Termine auf dem Festland noch vom Schiff aus abgesagt und dann ist der Ärger auch schon wieder verschwunden.

Je nach Jahreszeit gibt es für mich verschiedene Rituale, die bei einer Zwangspause mitten im Wattenmeer die geschenkte Zeit angenehm ausfüllen. Und wenn es einfach nur das Nichtstun ist. Am Bug des Schiffes auf einem Poller sitzend, die Füße hochgelegt, auf das Meer guckend – zumindest auf das, was in diesem Moment noch um einen herum ist – und die Geräusche wahrnehmend, die in diesem Weltnaturerbe zu hören sind. Der einzige Nachteil gegenüber dem Stau, den man im Auto sitzend aushalten muss, ist, dass man Menschen um sich herum laut telefonieren hört. Beobachtet man das hingegen durch die Autoscheibe im Nachbarfahrzeug, ist es eher amüsant. Wild gestikulierend spricht der andere in den Hörer oder gegen die Windschutzscheibe, sofern eine Freisprechanlage aktiviert ist. In der Stille der Natur ist es nervig.

Das Naturangebot rund um München ist durchaus großartig. Das vermisse ich auch, trotz des ebenso besonderen und teilweise auch gleichwertigen Angebotes, das meine Wahlheimat Hooge bietet. Nicht zu vergleichen ist allerdings das Kulturangebot. Gab es früher eine große Auswahl an Museen und Ausstellungen rund um mein Zuhause, ist es in dieser Beziehung sehr ruhig, wenn nicht sogar still um mich herum geworden. Wenn allerdings ein Besuch in Hamburg oder in München geplant ist und ich Zeit habe, dann steht auch mal ein Besuch in der Oper, in einem Musical oder einem Museum an.

Apropos Museum. Eine Chance, die sich mir vor ein paar Jahren bot, hätte ich in München bestimmt nie gehabt. Gemeinsam mit einer ebenfalls jungen zugereisten Halligbewohnerin konnte ich den Grundstein für ein Museum der anderen Art ins Rollen bringen und das im Auftrag der Stiftung Nordfriesische Halligen. Der Arbeitstitel lautete »Digitales Halligmuseum«. Es gab eine Ausschreibung und wir bewarben uns, ohne dass wir von dem Interesse der anderen wussten. Zum Glück sind wir beide genommen worden, denn für eine allein wäre es wohl kaum zu schaffen gewesen. Wir haben innerhalb eines Jahres Unmengen an Karteikästen, Aktenordnern, Bildarchiven und Magazinen gesichtet. Wir fuhren durch Schleswig-Holstein, es gab Kontakte nach Dresden und nach Bayern. Überall sind Exponate aufgetaucht, die in irgendeinem Zusammenhang mit den Halligen stehen. Wir waren auf Schloss Gottorf in Schleswig, welches zwei Landesmuseen beherbergt, besuchten andere große und auch kleine Museen in Hamburg und in der näheren Umgebung und wir saßen auf dem ein oder anderen Sofa in den Wohnzimmern der Halligleute, die für uns und für das Projekt ihre Türen öffneten. In einem noch ausstehenden Folgeprojekt soll es darum gehen, die von uns im ersten Schritt grob gesammelten Fundstücke professionell zu katalogisieren und letztendlich im Internet zu präsentieren. Während unserer Zeit als Schatzsucherinnen erfuhren wir viel über die Vergangenheit auf den Halligen und ebenso über einige Halligfamilien. Auch blieben zwischenmenschliche Konflikte nicht aus, die uns gelehrt haben, dass vor allem wir als junge Frauen und darüber hinaus als Zugereiste immer mit wachsamen Augen durch unser neues Leben gehen sollten. Ein unbezahlbarer Erfahrungsschatz.

Mit einer langjährigen Freundin ging ich früher öfter in die Münchner Oper. Ich genoss es, mich für diesen Abend besonders anzuziehen. Zwei herausgeputzte Blondinen – wir fielen auf. Auch wenn wir den Abend danach in einer Bar ausklingen ließen. Seit meinem Wegzug sind Opern- und Barbesuche selten geworden, aber das hat die Freundschaft nicht beeinflusst. In München sehen wir uns nicht mehr, denn meine Freundin ist zwischenzeitlich nach Frankfurt gezogen. So gibt es auch gemeinsame Abende leider nur noch alle paar Jahre. Statt Oper stehen nun Konzerte auf dem Plan. Im Rahmen des Programms von »Kultur auf den Halligen« werden herausragende Musikdarbietungen geboten. Nur noch selten auf Hooge, aber umso mehr auf der Nachbarhallig Langeneß. Künstler wie Ray Wilson (ehemals Genesis), die Brüder Wingenfelder (ehemals Fury in the Slaughterhouse), Fools Garden (bekannt durch ihren Ohrwurm *Lemon Tree*), Mrs Greenbird, Santiano, Julia Neigel und andere standen schon auf der Halligbühne und kommen manchmal sogar zum wiederholten Mal an die Nordsee. Diese Konzerte bestechen nicht nur durch ihren maritimen Charme, sondern auch durch die Nähe zu den Künstlern. Das ist wirklich ein ganz besonderes Erlebnis. Erst recht wenn man in den ersten Jahren auf Hooge ab und zu eine helfende Hand reichen konnte oder sogar die sympathischen Mitglieder von Fools Garden im eigenen Haus zu Gast hatte. In München konnte ich immer nur am Radio sitzend ihre Songs mitsingen.

Internationales Flair hatte ich früher durch meinen Arbeitgeber und die Tätigkeit an einem der größten Drehkreuze Europas. Als Mitarbeiterin eines Weltunternehmens, noch dazu einer Fluggesellschaft, bekommt man schon allein durch die

Auslandseinsätze der Kollegen viele Einblicke in andere Länder und Kulturen. Sei es durch deren Erlebnisberichte oder durch die Besuche bei ihnen. Selbst reise ich heute nicht mehr regelmäßig, behaupte dafür aber, dass die Welt nach Hooge kommt. Im Haus am Landsende übernachteten schon Gäste aus Neuseeland, Australien, Amerika, Frankreich, Belgien, Dänemark, der Schweiz und aus Österreich. Ein derart buntes Stelldichein hätte ich in Ismaning sicherlich niemals erlebt.

Ein internationales und buntes Treiben gibt es in München jedes Jahr im Herbst, wenn die Wiesn die Tore öffnet. Zu meiner Zeit war es noch möglich, ohne Beziehungen und ohne Angst haben zu müssen, nach dem Toilettengang nicht mehr hineinzukommen, einen Platz im Bierzelt zu bekommen. Aus dem maßgeschneiderten Dirndl war ich als Teenie längst herausgewachsen, aber in der Lederhose, die auf das Dirndl folgte, ließ es sich eh wesentlich freier auf den Bänken tanzen. Die Lederhose passt immer noch, aber dass ich sie das letzte Mal auf dem Oktoberfest trug, ist einiges über zehn Jahre her. Öfter bin ich inzwischen in die Hooger Tracht gestiegen. Eine Teilnahme am traditionellen Wiesneinzug in München war tatsächlich einmal angedacht, aber es kam leider nicht dazu, da die Hooger Trachtengruppe schlichtweg zu klein ist, um eine Gruppe für diesen herausragenden Anlass zu stellen. Dafür fand im letzten Jahr inzwischen zum zehnten Mal der Trachtensommer auf Hooge statt. Internationale Gäste waren meines Wissens nach noch nicht dabei, aber die Teilnehmer kommen aus allen Ecken Deutschlands. Selbst aus dem tiefen Süden führte der Weg schon direkt auf die Hallig. Traditionelle Tänze, kulinarische Leckerbissen, ersehnte Wiedersehen, neue Kontakte und viele Gespräche gestalten das Programm, das überwiegend durch die Gruppentänze, aber vor allem auch durch die Gemeinschaftstänze getragen wird.

Trotzdem würde ich sehr gern mal wieder ein Dirndl tragen. Vergleichbar sind diese Gewänder ganz und gar nicht. Es ist etwas völlig anderes, selbst das Frau-Gefühl ist in einem Dirndl nicht das gleiche wie in der Hooger Tracht, aber ich trage beide mit Stolz. Vor allem die Tracht, da sich hinter ihr auch noch eine Geschichte beziehungsweise eine besondere Halligfrau verbirgt.

Denke ich an meine Zeit in München, schwingt auch ein kleines bisschen Heimweh mit. Nicht weil ich wieder zurück möchte, sondern weil ich gern öfter dort wäre. Ich vermisse die Berge. Meine Touren, egal ob zu Fuß oder mit dem Motorrad. Zwar ist das Gefühl auf dem Weg ins Gebirge mit dem Weg am Meer entlang vergleichbar, ebenso wie der Blick über die Gipfel ins Tal mit dem Blick über das Wasser bis zum Horizont. Aber einen gravierenden Unterschied gibt es dennoch. Wenn ich auf dem Gipfel keiner anderen Person begegne, dann bin ich definitiv allein dort. Wenn ich auf einem Spaziergang am Deich entlang keine Person sehe, heißt das noch lange nicht, dass mich niemand im Auge hat. Das hat seine Vor- und seine Nachteile. Manchmal würde ich gern draußen, am Deich, am Meer allein sein. Um das zu können, musste ich erst lernen, das Gefühl des Beobachtetseins loszulassen. Es muss einem egal sein, ob man gesehen wird oder nicht, und es muss egal sein, was man gerade macht und mit wem. Andere wissen es meistens sowieso besser. Der Vorteil des Gesehenwerdens liegt allerdings darin, dass im Notfall irgendjemand reagiert. Zumindest bin ich davon überzeugt, auch wenn ich heute weiß, dass Halligleben nicht nur Friede, Freude, Freundschaft bedeutet. »Im Falle eines Falles hilft man sich!« Das hat man hier immer schon gesagt! Ein Satz, der in all den Jahren schon mal ins Wanken geraten ist. Aber im Falle einer Gefahr oder in einer Notfallsituation möchte ich mich darauf verlassen, dass das, was die Leute immer schon gesagt haben, in diesem Fall, dass geholfen wird, in so einem Moment einen unantastbaren Wert hat. Darauf würde ich mich wiederum in einer Großstadt nicht unbedingt verlassen. Nur wenn man etwas loslässt, hat man die Hände oder auch den Kopf für etwas Neues frei. Eine etwas abgedroschene Weisheit, die wohl so ziemlich jeder kennt. Dennoch ist sie wahr. Ich habe vieles losgelassen mit dem Verlassen meiner Heimat und dem Einzug auf Hooge. Aber wirklich verloren habe ich nichts. Im Gegenteil, ich habe viel an Erfahrung und Fertigkeiten gewonnen, denen ich nur hier begegnen konnte. Ich habe mich mit dem Thema Gelassenheit auseinandergesetzt. Auf der Hallig habe ich gelernt, mich nicht über Dinge zu ärgern oder aufzuregen, die ich eh nicht ändern kann. Das gelingt mir nicht immer, aber wesentlich öfter als früher in der Großstadt. Loslassen schaffe ich auch nicht in jeder hitzigen Situation sofort, aber auch das klappt immer besser. So übe ich mich inzwischen in heiterer Gelassenheit. Klingt einfacher, als es ist, aber es macht unglaublich viel Freude, wenn man sich selbst dabei ertappt, dass man diesen Vorsatz umgesetzt hat.

So habe ich zum Beispiel stets mit großer Wehmut an Freunde und Bekannte von früher gedacht. Sie waren immer in greifbarer Nähe. Heute trennen uns viele Kilometer. Aber inzwischen hat Freundschaft einen anderen Stellenwert für mich bekommen. Mein Blickwinkel hat sich verändert. Vertrauen und Respekt wachsen mit der Zeit. Das spüre und erlebe ich heute, wenn ich ab und zu nach München fahre und Freunde und Kollegen treffe. Manchmal liegen mehrere Jahre dazwischen, aber das ist egal. Sehen wir uns, machen wir dort weiter, wo wir beim letzten Mal aufgehört haben. Freunde können das.

Fahre ich an meinen alten Arbeitsplatz, empfangen mich ehemalige Kollegen und auch »meine Jungs«, die ehemaligen Auszubildenden, wie ich die inzwischen jungen Männer und teilweise Familienväter immer noch nenne, mit einer Herzlichkeit, die mich aufs Tiefste berührt. Wir haben uns nie etwas versprochen, es gab keine Floskeln wie: »Wir bleiben aber ganz bestimmt immer Freunde und wir werden uns niemals aus den Augen verlieren!« Das Gefühl wird einfach im Moment des Wiedersehens gelebt und das ist viel mehr wert als ein leeres Versprechen. Früher glaubte ich, ein Wort sei ein Wort, auf das man sich ewig verlassen könne. Dem ist leider nicht immer so. Ein Wort ist schnell gesagt, aber gelebt wird es dadurch noch lange nicht. Heute bin nicht mehr so leichtgläubig. Dafür lebe ich umso intensiver die ehrlichen Momente.

Ich musste erst auf die Hallig ziehen, um den Blick für das Wesentliche zu lernen und um mein Bewusstsein zu schärfen. Bewusstsein für das, was war, aber auch dafür, was noch kommen wird. Anfangs war es kein klar formuliertes Ziel. Angst vor der Zukunft, vor dem Neuen und Verantwortung meiner Familie gegenüber und mein gegebenes Wort spielten eine Rolle. Inzwischen weiß ich, dass es um mehr ging. Das, was ich in den letzten 16 Jahren ganz nebenbei gelernt habe, hätte ich mir niemals angeeignet, wenn ich in München geblieben wäre. *Jetzt erst recht!*, habe ich gesagt, als es hieß, die Entscheidung umzusetzen. Gut, dass ich den Mut aufbrachte und ihn auch nie verlor, selbst dann nicht, als ich schon kurz davor war, die Koffer zu packen. *Du musst es wenigstens probieren, sonst wirst du dir immer vorwerfen, es nicht versucht zu haben,* sagte ich mir. Die Hallig hat mir dafür den nötigen Rahmen gegeben. Sie ist ein wunderbarer und einzigartiger Flecken Erde. Sie ist ein Ort, an dem die Sinne des täglichen Lebens eingesetzt werden und sich somit die Perspektive immer wieder verändert! Das schärft den Blick.

## KAPITEL 19

# »Christian«, »Xaver« und andere stürmische Gesellen

Wenn der Wind in den Herbst- und Wintermonaten über die Hallig rauscht, gibt es draußen die verschiedensten Geräusche und je nach Windrichtung fühlt sich das auch im Haus unterschiedlich an. Kommt er aus südlicher Richtung, steht er direkt auf meiner Haustür. Diese hat schon einige Jahre auf dem Buckel und dichtet dementsprechend nicht mehr besonders gut ab. Dann ist es in meinem Flur kalt. Wenn es ganz schlimm wird, muss ich die Spalten zwischen Türe und Rahmen mit Tüchern zustopfen. Das geht natürlich nur, wenn alle Gäste im Haus sind, denn sonst würden sie nicht mehr hereinkommen. Selbst tagsüber gilt es dann, das Schott zu schließen. Es ist wie ein großer Fensterladen neben dem Hauseingang befestigt. Hierbei handelt es sich um eine Sicherheitstür, die wiederum die Haustür vor einschlagenden Gegenständen schützt oder im äußersten Fall den Druck beziehungsweise die Menge von eindringendem Wasser reduzieren soll. In den letzten dreißig Jahren musste es aber zum Glück nur aufdringlichen Wind zurückhalten.

Dreht der Wind etwas weiter nach Westen, ändert das an dem Druck auf der Türe und der Kälte im Flur nichts, aber es kommt ein pfeifendes Geräusch hinzu. Auf der Ockenswarft gibt es einen Funkmast. Einen Schönheitswettbewerb gewinnt dieser nicht, aber er hat seinen Sinn. Nicht nur, dass uns dieser Turm die Telefon- und Breitbandversorgung vom Festland aus ermöglicht, er gibt der Warft schon von Weitem einen einmaligen Wiedererkennungswert. Abgesehen davon ist er ein hervorragender Blitzableiter. Weht der Wind nun aus südwestlicher Richtung, ist irgendetwas an diesem Mast, das ihn pfeifen lässt. Es ist kein sonderlich fröhliches Liedchen, das man dann hört – ganz im Gegenteil! Anstrengend ist der ständige Pfeifton, der manchmal Tag und Nacht anhält.

Zieht »das himmlische Kind« weiter nach Norden, beschert mir das eigentlich eine recht angenehme Windrichtung. Mein Haus liegt tiefer als die umstehenden Häuser und dadurch ist es geschützt. Lediglich ein Blick aus dem Fenster in den Garten lässt mich erkennen, woher der Wind pustet. Die Bäume verraten es mir.

Aber wehe, der Wind zieht weiter Richtung Osten. Dann ist es in den Wintermonaten nicht mehr möglich, von heimeliger Gemütlichkeit im Haus zu sprechen, während der Wind draußen tobt. Sofort wird es kälter in meiner Küche, ebenso im Büro. Der eisige Ostwind kann ein zäher Bursche sein. Da schaffen es sogar Kaminfeuer und Heißgetränke mit Sahne nicht mehr, die Wohnung, den Körper oder die Stimmung aufzuheizen. Bei diesen Verhältnissen macht es absolut keinen Spaß, ein Haus in der ersten Reihe stehen zu haben! Hier braust der Wind mit seiner energie- und kräfteraubenden Kälte gnadenlos auf das alte Gemäuer. Auch die Bewohner der neueren Häuser kriegen es zu spüren, aber besonders in den alten Häusern ist es extrem. Der Wind findet jede noch so kleine Ritze in den Mauern und dringt in das Haus ein. Auch die Steckdosen sind ein gern genommener Weg ins Innere. Als ob es ihm selbst zu kalt draußen wäre und er Schutz in den Häusern suchen würde. Aber der Ostwind ist ein Gast, den keiner freiwillig in sein Haus lässt. Er ist reines Gift für Körper, Seele und den Öltank und somit auch für das Portemonnaie. Leider ist das auch in den Ferienwohnungen zu merken. In der kleinen »Blauen« muss zusätzlich mit dem Kaminofen eingeheizt und in der »Grünen« müssen die Heizkörper hochgedreht werden. Zum Glück sind dann meistens Gäste im Haus, die schon seit Jahren kommen und wissen, was Ostwind in der kalten Jahreszeit bedeutet. Wer zum ersten Mal in das Haus kommen möchte, den bereite ich vorab offen und ehrlich darauf vor.

Aber nicht nur mein altes Haus leidet unter dem frostigen Gesellen, selbst in den neueren Häusern ist eine Abkühlung deutlich spürbar. Egal, ob Nord- oder Südost, der Ostwind macht keinen Spaß.

Zwei Vorteile sind dem Ostwind allerdings zuzuschreiben: Meistens bringt er schönes Wetter mit sich und bei dieser Windrichtung gibt es definitiv kein Landunter. Dieser Wind drückt das Wasser raus. Manchmal sogar so weit, dass wir selbst bei Hochwasser zu wenig Wasser in der Fahrrinne der Fähre haben. Dann kann es passieren, dass diese festsitzt. Es kommt vor, dass es bis zu ein paar Stunden dauert, bis die Fahrt weitergeht. Das nehmen wir Halligleute im Großen und Ganzen relativ gelassen hin. Es gibt wesentlich Schlimmeres. Ärgerlich ist es nur, wenn man auf dem Festland eine Weiterfahrt mit öffentlichen Verkehrsmitteln geplant hat. Der Bus am Fähranleger wartet zwar auf die Fähre und umgekehrt, aber die Züge der Deutschen Bahn natürlich nicht. Zuspätkommen wegen einer festsitzenden Fähre im Watt oder wegen Landunter ist zwar höhere Gewalt, aber trotzdem persönliches Pech. Oder auch Glück – je nach Perspektive!

Es gibt Gäste, die schon seit Jahrzehnten bewusst in der sogenannten Sturmzeit auf die Hallig kommen, um endlich einmal ein Landunter zu erleben. Da sich das aber nicht planen lässt, passiert meistens das Gegenteil von dem, was man sich wünscht. Andere wiederum, die zum ersten Mal kommen und so ein Naturschauspiel gar nicht unbedingt erleben wollen, bekommen es zu sehen. Dafür muss der Wind kräftig aus westlicher Richtung pusten. Windrichtung, Windstärke und auch der Mond haben die Fäden in der Hand, wenn es wieder einmal heißt, dass die Halligen Landunter haben. Für die Halligleute ein Ereignis, das zum Leben dazugehört. Als Zugereiste kann ich sagen, dass mir mit dem Gedanken an Landunter wohler ist als bei dem Gedanken daran, in Alpennähe, also in möglichen Lawinengebieten, zu wohnen. Auch Windhosen, die durch Großstädte jagen, oder Erdbeben, die es ebenfalls schon in Deutschland gab, machen mir ein wenig Angst – Landunter nicht! Wäre das so, dürfte ich hier nicht leben.

Es ist immer ein besonderer Moment, wenn sich der Wind zu einem Sturm entwickelt, die Wolken bizarre Gebilde am Himmel entwerfen und die Nordsee ihrem impulsiven Temperament alle Ehre macht. Wenn das Wasser den Deich hochkrabbelt und schließlich übertritt und nur noch die zehn Warften, auf denen unsere Häuser stehen, aus dem Wasser gucken, mache ich einen Rundgang. Der Blick schweift über die Bäume und Dächer auf der Warft. Es ist eine leichte

Anspannung, die ich in so einem Moment empfinde. Steht und sitzt wirklich alles fest? Wie sieht das Dach aus, hat der Sturm ein Loch ins Reet gefressen? Dabei denke ich oft an die Sturmfluten von 1976, 1962 oder 1867. Das waren ganz andere Stürme, die die Menschen auf Hooge und den anderen Halligen überstehen mussten. Ich ziehe meinen Hut vor der Kraft, die sie für das eigene Überleben und den Wiederaufbau aufgebracht haben. Erst recht, nachdem ich 2013 die Orkane »Christian« und »Xaver« miterlebte.

»Christian« tobte Ende Oktober über die Halligen. Ich hatte in den vergangenen Jahren schon einige Stürme miterlebt, aber »Christian« hatte Potenzial, mir ein ungutes Gefühl einzuflößen.

Und das, obwohl keine Gefahr durch das Wasser drohte. Ich hatte Jan gebeten, bevor es laut Wettervorhersage richtig zur Sache gehen sollte, noch einmal bei mir vorbeizuschauen. Vier Augen sehen mehr als zwei! Er kontrollierte die Taue, die ich im Garten um zwei Bäume gelegt hatte. Ein Sanddorn und der große Rotdorn, der auf der Südseite direkt vor meinem Haus steht, waren so gesichert. Sollte der Wind sie tatsächlich aus dem Boden reißen, konnte ich damit verhindern, dass sie mir um den Schornstein fliegen.

Alle Gartengeräte mussten verstaut werden, die Schubkarre, Eimer und auch das Vogelhaus. Das Gefährlichste bei so einem Sturm sind in erster Linie herumfliegende Gegenstände. Dinge, die man vorher hätte aufräumen können. Als wir mit allem fertig waren, standen wir in der Küche am Fenster und guckten in den Garten, beobachteten, wie der Wind von jetzt auf gleich zunahm, und überlegten noch einmal, ob wir wirklich alles bedacht hatten.

»Dann guck ich mal, was bei mir so los ist. Ob bei uns auf der Warft auch wirklich alles gesichert ist, nicht dass dort noch etwas wegfliegt und ...« Weiter kam Jan nicht, denn es gab einen ohrenbetäubenden dumpfen Knall! Er kam von der Vorderseite des Hauses. Wir guckten uns entgeistert an und ich hoffte inständig, dass der wilde »Christian« nicht gerade die halbe Front meines Hauses mitgerissen hatte. Ich war sehr froh, dass Jan noch da war, und folgte ihm, leise Stoßgebete murmelnd, durch die Küche in die Döns, also in den direkt angrenzenden Nebenraum. Dort sahen wir, was passiert war. Das linke der beiden Fenster zur Warftmitte war auf einmal fast komplett abgedunkelt. In dem Moment fiel es mir wie Schuppen von den Augen. Ungefähr 15 Meter von meinem Haus entfernt stand auf dem Nachbargrundstück eine Sandkiste. Jede der vier Seiten war rund eineinhalb Meter lang und es gab außerdem einen Holzdeckel, der noch ein bisschen größer war, um die Kiste abzudecken. Der lag jetzt allerdings nicht mehr auf der Kiste, sondern stand senkrecht vor meinem Fenster. Schlagartig wurde mir klar, was hätte passieren können, wenn nicht alle meine Schutzengel auf einmal zur Stelle gewesen wären. Wie leicht hätte diese Platte mit einer Ecke voraus durch mein Fenster fliegen können? Alles Weitere wollte ich mir gar nicht erst ausmalen, denn während dieser Vorstellung machte sich für einen Moment ein beängstigendes Gefühl bemerkbar und das wollte ich nicht weiter zulassen! Ich wehrte mich gegen dieses Gefühl und eilte zur Tür.

»Moment, wo willst du denn jetzt hin?« Jan hielt mich energisch am Arm.

»Na raus, die Platte da wegholen.«

»Du bleibst hier. Das ist zu gefährlich. Ich mach das.«

Vorsichtig und so gut der Sturm es eben zuließ, schob Jan sich an der Hauswand entlang, bis er die Platte fassen konnte. Er kippte sie um und zog sie über den Boden in meinen Flur, wo sie keinen Schaden mehr anrichten konnte. Wir hätten die Platte keinesfalls draußen lassen können, denn wer weiß, wohin das riesige Teil sonst noch geflogen wäre.

»Puh, danke, das war wirklich ein Schreck!«

Danach war erst einmal Durchatmen angesagt. Jan fuhr zu sich nach Hause, rief mich aber gleich darauf noch einmal an. Er erzählte mir von den Gräben, die links und rechts von der Straße liegen und normalerweise Salzwasser beinhalten. Der Wind sei dort mit einer solchen Kraft hineingepeitscht, dass das gesamte Wasser hinausgeschleudert wurde.

»Die Gräben und Priele waren wie leer gefegt. So was habe ich noch nie gesehen«, beteuerte Jan und das wollte was heißen.

»Christian« war mit rund 190 Stundenkilometern auf Hooge angekommen. Zum Glück blieb er nicht lange und richtete bei uns auch längst nicht so viel Schaden an wie in anderen Gegenden. Die Gemeinden auf dem Festland, die kurz hinter dem Fähranleger in Schlüttsiel liegen, traf es weitaus schlimmer. Ganze Dachstühle waren abgerissen und lagen auf der anderen Straßenseite und Wälder waren regelrecht ausgedünnt. Es sah furchtbar aus. Bei uns rauschte der Orkan mehr oder weniger zwischen den Warften hindurch und bekam nicht allzu viel zu fassen. Bei mir riss er lediglich den Sanddorn aus der Erde, aber den hatten wir ja vorsichtshalber gemeinschaftlich gesichert. Insgesamt hatten wir Glück!

Nur sechs Wochen später bahnte sich das nächste Sturmtief an, das man diesmal als Orkan »Xaver« ankündigte. Die Warnungen in den Medien waren außergewöhnlich. Vergleiche zur Sturmflut von 1962 wurden gezogen. Sogar einige der alten Hooger sprachen von Gemeinsamkeiten und schilderten eindringlich ihre Erlebnisse von damals. Da konnte einem schon etwas mulmig werden, zumal eine Sturmflutwarnung auch bedeutete, dass mit Landunter zu rechnen war und bei den angesagten Windstärken wohl nicht zu knapp. Alle nur denkbaren Vorkehrungen wurden eingeleitet. Der Küstenschutz lief auf Hochtouren, Kommunal- wie Landespolitiker wurden nicht müde zu betonen, dass man auf alles vorbereitet sei. Ständig liefen Mitteilungen dieser Art in Funk und Fernsehen. Das bekam ich allerdings erst später mit, denn ich war mit den Vorkehrungen beschäftigt und interessierte mich in diesem Augenblick tatsächlich nur für mein direktes Umfeld. Ich selbst spürte wieder die bekannte Anspannung, aber Angst empfand ich trotz allem nicht. Meine Rundgänge bezogen diesmal die angrenzenden Nachbargrundstücke mit ein und ich war sicher, alles bedacht zu haben.

Meine Mutter rief aus Husum an, fragte regelmäßig, wie es mir gehe und ob alles in Ordnung sei. Als die Meldung kam, dass der Fährverkehr eingestellt werden würde, entschied sie, dass mein Stiefvater nach Hooge kommen sollte. Sie wollte nicht, dass ich allein im Haus war. Das war ich ja auch nicht, denn in einer Ferienwohnung waren Gäste. Dadurch war ich in der Situation, aufpassen zu müssen und für andere zu sorgen. Ein weiterer Grund, keine Angst zu haben. Man hat einfach keine Zeit dafür! Fürsorge schützt manchmal vor der Sorge um sich selbst. Meine Mutter ließ das aber nicht als Argument zu und so kam mein Stiefvater mit der letzten Fähre auf Hooge an.

»Wird schon gut gehen«, sagte er zuversichtlich zu meinen Gästen, einem Ehepaar aus Baden-Württemberg, das zum ersten Mal auf Hooge war, und bat sie, uns beim Füllen der Sandsäcke zu helfen, die die Gemeinde zur Verfügung gestellt hatte. Die beiden Schwaben packten tatkräftig mit an und so füllten wir einige der Säcke und legten sie vorsorglich bei den drei Türen meines Hauses ab. Sollte das Wasser tatsächlich innerhalb der Ockenswarft auflaufen, könnten sie vielleicht das Schlimmste vermeiden. Meine Gäste ließen sich die Verhaltensregeln gefallen, die wir ihnen auftrugen: keine Spaziergänge mehr, Fenster verschlossen halten und auf gar keinen Fall das Haus verlassen, ohne vorher Bescheid zu geben! Sie waren zum Glück weder ängstlich noch leichtsinnig und fügten sich mit einer Mischung aus Gelassenheit und Neugier in unser gemeinsames Schicksal. Und so harrten wir der Dinge, die da kamen. Die beiden verfolgten das Geschehen vom Fenster im ersten Stock aus, mein Stiefvater und ich richteten uns im Erdgeschoss ein. Das Telefon und zwei Taschenlampen in greifbarer Nähe, eine Kanne starken Kaffees für ihn und für mich einen heißen Kakao.

In der Nacht vom 5. auf den 6. Dezember sollte es besonders zur Sache gehen. Mein Stiefvater und ich vereinbarten, abwechselnd Nachtwache zu halten. Ich ging abends gegen zehn Uhr ins Bett, um gegen ein Uhr morgens wieder aufzustehen. Eigentlich sollte ich dann die Wache übernehmen, aber mein Stiefvater wollte nicht schlafen. Er hatte begonnen, die Wasserstandentwicklung anhand einer Kurve aufzuzeichnen. Regelmäßig rief er beim Pegel an und schrieb die Messdaten sowie die Uhrzeit auf. Ich lief im halbstündigen Takt nach draußen, dick angezogen mit Öljacke und -hose, bewaffnet mit der Taschenlampe. Durch die Hintertür kam ich im Windschatten des Hauses hinaus, ging auf die Warftkrone und konnte so beobachten, wie das Wasser stieg und stieg. Die aufgezeichnete Kurve abzulesen, ist das eine, aber das Wasser näher kommen zu sehen, ist das andere. Die Warften waren nun durch das Meer der Nordsee voneinander getrennt. Vereinzelt konnte man die Lichter in den Stuben scheinbar mitten im Meer erkennen. Kaum jemandem war heute Nacht zum Schlafen zumute. Ich machte Fotos, soweit das im Dunkeln möglich war. Nicht für mich, sondern für all die Freunde, Bekannten und Gäste, die sich um uns und das Haus Sorgen machten. Der ein oder andere rief an, viele schrieben eine SMS oder meldeten sich via Facebook. Ich konnte und wollte nicht nur am Telefon hängen, so aufrichtig die Anteilnahme auch gemeint war. Gegen halb vier Uhr morgens postete ich eine Nachricht samt Foto im Internet, um alle wissen zu lassen, dass soweit alles in Ordnung war. Zumindest den Umständen entsprechend. Unglaublich, wie viele um diese Zeit noch »bei mir« waren. Sie drückten Daumen, schickten gute Gedanken und die besten Wünsche, damit der Sturm keinen Schaden anrichten würde. Es tat gut, diese Erfahrung zu machen, trotz der Anspannung, die ständig anhielt.

Um kurz vor fünf stieg das Wasser noch mal, obwohl der höchste Wasserstand eigentlich bereits erreicht war. Wahnsinnig viel Luft war da nicht mehr. Die neueren Häuser, also die, die nach 1962 gebaut wurden, stehen hoch auf den Warften, da kommt so schnell kein Wasser rein. Die alten Häuser, wie meins, liegen allerdings tiefer auf den Warften. Wie in einer Schüssel, wenn das Wasser einmal über den Wall schwappt, läuft die Wanne voll. Wäre das Wasser letztendlich so hoch gekommen, wie es vorausgesagt worden war, wäre es in die Warft gelaufen. Dann hätte mein Haus als Erstes in der Pfütze gestanden. Doch die Ockenswarft hatte Glück!

Auf anderen Warften plätscherte es schon über den Wall. Alle hatten Vorkehrungen getroffen, sonst wäre wohl mehr passiert. Bei seinem dreitägigen Stelldichein fegte »Xaver« mit bis zu 230 Stundenkilometern über das Halligland und fand auch das ein oder andere, das er mitreißen konnte, aber diese Schäden sind nicht mit denen der Sturmflut von 1962 zu vergleichen. Dem Himmel sei Dank!

Solche Orkane und Sturmfluten gehören auf der Hallig nicht zur Tagesordnung. Sie herrschen auch nicht in jeder Herbst- oder Winterzeit. Dennoch sind wir Halligleute uns dessen bewusst, dass sie kommen können und auch kommen werden. Die Frage ist nur wann? Der Klimawandel spielt für die Halligen eine große Rolle. In hundert Jahren wird es ganz bestimmt nicht mehr alle zehn Halligen im Wattenmeer geben. Vielleicht verschwindet eine der kleinen und meist unbewohnten Halligen schon früher. Das wäre traurig, denn die Halligen sind einzigartig. Umso wichtiger ist es, dass sie jetzt bewohnt bleiben und in den Küstenschutz investiert wird. Die Halligen sind nicht nur ein einzigartiger Lebensraum, sondern auch Wellenbrecher für die gesamte Westküste und nebenbei eine touristisch unverzichtbare Destination für das Land. Die Menschen, die hier leben, tragen dazu bei, dass die Halligen lebendig bleiben. Die Deich- und Warftsicherung setzt voraus, dass wir auf unseren Warften und in unseren Häusern sicher sind, zumindest solange es sich um »normale« Sturmfluten handelt. Halligleute haben Respekt vor der Naturgewalt und dementsprechend verhalten sie sich auch, wenn Wasser und Wind zeigen, wer letztendlich die Hosen anhat. Leichtsinnigkeit und Übermut findet man unter den Einheimischen nicht. Und auch keine Angst. Ich habe keine Ahnung, ob im Falle eines Falles der Deich, die Warft und letztendlich auch der Schutzraum in meinem Haus halten. Fast jedes Haus hat seit der Sturmflut von 1962 so einen Raum im Obergeschoss. Dieser Raum ist nicht gesetzlich vorgeschrieben, aber wenn neu- oder umgebaut wird, plant man ihn freiwillig mit ein. Das nicht zu tun, wäre leichtsinnig. Der Schutzraum steht auf Stahlbetonpfeilern, die mehrere Meter tief in den Boden ragen. Sollte sich tatsächlich eine solche Sturmflutkatastrophe wiederholen, geht man davon aus, dass, selbst wenn die Häuser in den Fluten zerschlagen, die Schutzräume dieser Kraft trotzen. Irgendwann werden wir wissen, ob der Plan aufgeht. Ehrlich gesagt muss ich das nicht miterleben, aber daran glauben und darauf vertrauen kann ich jetzt schon.

Die Herbst- und Winterzeit ist eine intensive Zeit auf den Halligen. Eine Zeit für Profis, was die Wetterbedingungen betrifft. Die richtige Kleidung ist das A und O! Aber ebenso wichtig ist die Einstellung. Wer Angst vor Landunter hat, sollte besser wegbleiben. Wer es einmal erlebt hat, weiß, was die Ruhe vor dem Sturm ist und wie sich die Ruhe nach dem Sturm an- hört. Wer offen, neugierig und naturverbunden ist, wird einen Aufenthalt erleben, der mehr (und auch Meer!) zu bieten hat. Sich mal wieder durchpusten lassen. Den Kopf frei kriegen. Ur- laub für das Unterbewusstsein erleben. Natur hautnah spüren. Einfach mittendrin, statt nur dabei sein – sage ich immer. Der Wind kann zwar ziemlich garstig sein, aber er ist längst nicht nur ein stürmischer Geselle, sondern manchmal tatsächlich auch »das himmlische Kind«.

## KAPITEL 20

# Schönes und weniger Schönes und gefeiert wird auch

Auf Hooge sprechen immer noch viele von der Haupt- und der Nebensaison. Bei mir gibt es sie schon seit Jahren nicht mehr. Im Haus am Landsende ist immer Saison. Spätestens ab dem ersten November gibt es für rund fünf Monate nur noch einen eingeschränkten Verkehr in der Schifffahrt. Das heißt, dass die Ausflugsschiffe so gut wie gar nicht mehr fahren und auch unsere Versorgungsfähre montags und mittwochs die Verbindung zur Hallig einstellt. Nur donnerstags gibt es zweimal am Tag die Chance, hin- und herzukommen. Keine tägliche Post mehr und auch das Angebot im Kaufmannsladen wird zurückgefahren. Das ist für mich jedes Jahr aufs Neue eine Umstellung. Termine, Besuche, Ausflüge und vor allem Gästewechsel müssen nun gut geplant sein. Bis auf die Galloway-Rinder und ein paar Schafe sind auch unsere vierbeinigen Sommergäste wieder auf dem Festland und zweibeinige Tagesgäste sieht man auch so gut wie gar nicht mehr. Ruhe kehrt ein. Einige Betriebe schränken ihr Angebot ein oder schließen sogar ganz. Seit ein paar Jahren klappt es, dass fast täglich eines der insgesamt sieben Restaurants in den Wintermonaten trotzdem geöffnet hat. Kollegen aus der Tourismusbranche sprechen immer wieder davon, dass sie die Wintersaison verlängern möchten, um den im Sommer hochfrequentierten Tourismus zu verlagern. Ich fände das gut, denn die Hallig hat in der sogenannten Nebensaison ebenso ihre Reize. Obwohl ich Urlauber im Haus habe, läuft in den Wintermonaten alles ruhiger und entspannter ab, mal abgesehen von den Gästewechseln, für die jetzt nur noch knapp drei Stunden zur Verfügung stehen anstatt eines ganzen Tages wie im Sommer.

»Ich habe schließlich den ganzen Sommer hart gearbeitet, da kann ich mich doch jetzt im Winter ausruhen und den Betrieb schließen«, höre ich aber auch manchmal. Das spricht eher dafür, den Tourismus nicht in den Winter zu verlagern, sondern lieber Winterruhe einkehren zu lassen. Klar, den Wunsch nach Ruhe und Erholung kann ich nachvollziehen. Ein Kleinstbetrieb kann sich aber geschlossene Türen im Normalfall nicht leisten. Ich lebe von den Einnahmen aus einem Betrieb mit nur zwei Ferienwohnungen, der von einer einzigen Person, nämlich mir, geführt wird. Es gibt keine anderen Einkünfte, es gibt keinen mitverdienenden Partner und es gibt auch keine Einnahmen aus Verpachtungen, geschweige denn Subventionen oder Renten oder Sonstiges. Ist einmal geschlossen, finden Renovierungsarbeiten statt. Über das Jahr verteilt erledige ich ganz nebenbei Haushalt, Gästewechsel, Marketing, Reservierungen, Buchhaltung, Instandhaltung und Gartenarbeit. Aufgaben, die von mir in ehrenamtlicher Funktion ausgeführt werden, nicht mitgerechnet. Ich kann es mir gar nicht leisten, für mehrere

Wochen oder gar Monate zu schließen. Und ganz ehrlich, selbst wenn ich es mir leisten könnte, ich würde es nicht tun. Ich bin davon überzeugt, dass vor allem in der stillen Zeit noch viel mehr rauszuholen ist, als es derzeit getan wird. Wenn sich gerade die Betriebe zusammenschließen würden, die unmittelbar vom Tourismus abhängig sind, gäbe es auch mehr Möglichkeiten für Pausen, ohne dass das Angebot für Gäste fast auf null runtergefahren wird. Die finanzielle Schere, die es den Kleinen schwer macht, hier zu überleben, würde kleiner werden. Und das, ohne die angenehme und auch nötige Winterruhe negativ zu beeinträchtigen. Wenn Gastgeber im Winter keine Unterkünfte zur Verfügung stellen würden, bekämen die Restaurants erst recht keine Gäste. Blieben im Winter die Übernachtungsgäste aus, gäbe es langfristig nicht nur für die Kleinstbetriebe finanzielle Schwierigkeiten. Den Tourismus in der sogenannten Nebensaison lebendig und für die, die von ihm abhängig sind, gewinnbringend zu gestalten, wünsche ich mir von ganzem Herzen und hier gibt es auch noch viel Potenzial.

Mit der Enge auf einer Hallig habe ich eigentlich kein Problem. Könnte ich das nicht aushalten, wäre es mehr als dämlich gewesen, hierherzuziehen. Allerdings war es für mich auf Hooge nie leicht, eine Freundschaft aufzubauen, vor allem wenn es sich dabei um einen männlichen Freund handelte. Zum einen waren unterschiedliche Ansprüche häufig ein Diskussionsgrund, zum anderen sagt die Gesellschaft gern hinter vorgehaltener Hand: »Freundschaften zwischen Mann und Frau – das gibt es nicht!« Doch, gab und gibt es in meinem Leben! Natürlich ist es während meiner Zeit auf Hooge auch schon passiert, dass ich eine Freundschaft wieder verloren habe. Das an sich ist traurig genug. Die Trauer über diesen Verlust für sich zu behalten, ist noch viel schwieriger. Traurig sein zu können, ohne dass andere in einer engen Gemeinschaft das mitbekommen, ist manchmal schwierig. Hinzu kommt die Situation mit dem anderen. Man muss es selbst erst wieder lernen, einen halbwegs normalen Weg des Umgangs zu finden. Sich auf Dauer auf Hooge aus dem Weg gehen zu wollen, ist undenkbar. Auch das gilt es zu lernen, ganz besonders auf einer Hallig. Da hilft es, sich ab und zu mal mit schönen Dingen ablenken zu lassen.

Im Laufe eines Jahres werden auf Hooge so einige Feste gefeiert. Feiern konnten die Halligleute immer schon und das ist auch gut so, denn es gibt Zeit für die Arbeit und es muss auch Zeit für das Feiern geben. Längst gibt es nicht mehr alle Feste und Vereine aus vergangenen Zeiten. Der Kartenclub, das Ringreiten und auch die Schützenfeste sind zum Beispiel Teil der Geschichte. Ich bin zwar weder in einem Verein Mitglied noch eine aktive Partygängerin, aber das ein oder andere Fest hat durchaus besondere Eindrücke bei mir hinterlassen.

Neben dem traditionellen Biikebrennen im Februar ist das Fest des Boßelvereins ein gesellschaftliches Highlight auf Hooge. Dem Vereinsfest geht tagsüber der Wettkampf, das Boßeln, voraus. Hierbei geht es darum, mit Blei gefüllte Holzkugeln mittels einer vorgegebenen Wurftechnik so weit wie möglich zu werfen. Dafür trifft man sich selbst bei Wind und Wetter auf einer der Wiesen unterhalb der Hanswarft und meistens dauert es nicht lange und die ersten neugierigen Zuschauer bilden den Rahmen. Der Verein feierte 2014 groß sein einhundertjähriges Bestehen. Um an dem abends stattfindenden Ball teilzunehmen, bedarf es einer Einladung, sofern man kein Mitglied ist. Ich konnte daran teilnehmen, da ich zu diesem Zeitpunkt in dem Restaurant arbeitete, das das Catering ausrichtete. Es war ein Vergnügen, die großartige Stimmung zu beobachten und auch mal wieder Halligleute zu treffen, die man schon lange nicht mehr gesehen hatte. So auch eine Frau, mit der ich noch weit vor meinem Umzug nach Hooge befreundet war. Der Kontakt verlief irgendwann im Sande. Sie zog von der Hallig und selbst wenn wir uns Jahre später auf Hooge sahen, war von dem freundschaftlichen Verhältnis nichts mehr zu spüren. 2012 hatte sie einen Artikel über mich in einem Magazin gelesen und mir daraufhin eine Postkarte geschrieben. Als ich diese las, war ich so gerührt, dass mir tatsächlich Tränen über das Gesicht liefen. Ein von ihr geschriebener Satz rief in mir ein Gefühl hervor, das ich nicht so richtig in Worte fassen kann. Ein Gefühl, eine Last von der Seele losgeworden zu sein. Sie schrieb unter anderem: »Schon lustig, was ein veränderter Blickwinkel bewirkt!«

Wie recht sie damit doch hat! Auf dem Boßelball hatten wir die Gelegenheit, einen Moment zu reden. So ehrlich und offen, wie ich es vorher noch nie erlebte, und dementsprechend liefen auch dort die Tränen über meine Wangen, weil sie mein Herz so sehr berührte. Diese unglaublich intensive Begegnung gehört zu den schönsten während meines Halligdaseins. Sie hat mir Mut gemacht und mich darin bestärkt, das, was ich hier mache und vor allem wie ich es mache, weiterhin zu tun.

Im Sommer veranstaltet der Hallig Segelclub sein alljährliches »Schleusenfest«. Obwohl ich kein Mitglied bin, habe ich dennoch viele Jahre bei der Kuchenausgabe und abends beim Ausschank geholfen und es war für mich stets mehr Vergnügen als Arbeit, dort zu helfen. Die jedes Jahr stattfindende »Inoffizielle internationale generationsübergreifende deutsche Optimisten-Meisterschaft« und das »Inoffizielle generationsübergreifende Hallig Tautrekken« (Tauziehen) sind inzwischen zu festen Institutionen geworden und allein um bei diesen beiden Attraktionen zuzugucken, lohnt sich der Weg zur Hallig-Schleuse, dem namensgebenden Austragungsort des Festes. Ein Optimist ist übrigens eine kleine und leichte Jolle, in der Kinder und Jugendliche normalerweise erste Segelversuche starten. Bei dieser Regatta haben aber alle Teilnehmer bereits Segelerfahrungen gesammelt und sind teilweise auch schon aus dem Kindesalter heraus. Hier geht es in erster Linie um den Spaß und für den gibt es keine Altersgrenze.

Alle zwei Jahre gibt es kurz vor dem kalendarischen Herbstbeginn den Trachtensommer. Aus inzwischen sämtlichen Bundesländern kommen Freunde alter Trachten in den unterschiedlichsten Gewändern für einen Tag auf die Hallig. Manch einer bleibt länger, aber der eigentliche Festtag ist immer der erste Sonntag im September. Wer nicht live dabei sein kann, verfolgt das bunte Treiben über die Webcam, denn meistens ist diese auf den Festplatz ausgerichtet. Das haben mir zumindest schon einige Gäste berichtet, die umso mehr darüber erfreut waren, als sie mich zufälligerweise in der Tracht durch das Bild laufen sahen.

Im Winter trifft sich die Marinekameradschaft zu ihrem alljährlichen Adventskaffee und mit dem legendären »Rummelpott-Laufen« oder der Silvesterparty im Hallig Hus, unserem Gemeindehaus, geht dann auch das Jahr der Feste zu Ende. Dazwischen gibt es natürlich viele Geburtstage zu feiern und wer dann immer noch nicht genug hat, kann darüber hinaus noch an einer der musikalischen Veranstaltungen teilnehmen, die die Kirche oder der hiesige Ortskulturring organisieren.

Im Haus am Landsende fand auch schon manches Fest beziehungsweise die ein oder andere Veranstaltung statt. Es gibt zum Beispiel Lesungen. Eine nannte sich »Nikolaus am Deich«

und gehörte in den Rahmen des Lebendigen Adventskalenders, den es seit ein paar Jahren auf Hooge gibt. Im Dezember öffnet manch einer sein Haus für Nachbarn, Freunde und manchmal auch für Gäste. Der eine bietet gemeinsames Singen bei Plätzchen und Glühwein an, ein anderer gemeinsames Basteln. Es wurde schon am Nikolaustag über das Thema Nachbarschaftshilfe diskutiert, aber auch gemeinsam eine Weihnachtsgeschichte vorgelesen. Im Grunde ist alles möglich, der Fantasie ist keine Grenze gesetzt. Jeder darf jeden einladen, hier steht das Beisammensein zur Weihnachtszeit im Vordergrund.

In Zusammenarbeit mit dem Veranstalter der Reihe »Kultur auf den Halligen« und dem Restaurant Zum Seehund gab es bei mir im Haus schon einmal »Literarische Schmankerl«, die alle (manchmal auch im weitesten Sinne) mit Weihnachten zu tun hatten. Der Künstler, er heißt Barney, rezitierte, sang oder las vor. Zum Besten gab er beispielsweise ein Rezept für »Weihnachtskekse«, so auch der Titel des Stücks. Inhaltlich geht es um Plätzchen, die rechtzeitig zum Fest gebacken werden sollen. Aufgezählt werden die Zutaten, eine ist Whisky. Ein ganzer Liter! Dem Bäcker wird empfohlen, die Qualität des Whiskys in regelmäßigen Abständen zu kontrollieren. Barney stellte diese Weihnachtsbäckerei auf wunderbare Weise dar und wir fragen uns heute noch mit Tränen in den Augen, ob in seinem Glas Tee oder Whisky war.

Eine andere literarische Veranstaltung fand ganz spontan bei mir statt. Eigentlich sollte sie in der Halligkirche stattfinden, aber ein Landunter machte dem Ganzen einen Strich durch die Rechnung. Eine Diplom-Gedichte-Sprecherin hatte sich telefonisch bei mir gemeldet. Bis dahin wusste ich gar nicht, dass es so etwas gibt. Ihr Plan: Mit einem literarischen Bühnenprogramm im Koffer per Fahrrad durch die gesamte Republik. Ihr Thema: »Bin ich Deutschland?« Darüber diskutiert sie mit ihrem Publikum und dabei lässt sie auch bekannte deutsche Denker und Dichter indirekt zu Wort kommen. Verrückt! Aber großartig! Mit ihrem Motto »Literaturprogramm gegen Kost und Logis« stieß sie bei mir sofort auf offene Ohren, daher kamen wir direkt ins Geschäft und ich lud sie ein. So kam Anna Magdalena Bössen Anfang 2015 nach Hooge. Der Auftritt war geplant, die Einladungen für den Abend in der Halligkirche verteilt und dann kam der Sturm. Da nun niemand mehr zur Kirchwarft kam – alle Wege standen unter Wasser –, fiel ihr Programm aus. Wir waren beide traurig darüber. Zuerst traute ich mich nicht, denn eigentlich gönnte ich ihr die gewonnene Zeit. Sie hatte ein paar Tage Urlaub nötig und sie fühlte sich in der »Grünen«, in der sie sich häuslich eingerichtet hatte, sehr wohl. Doch dann fragte ich sie: »Sag mal, würdest du auch vor einem ganz kleinen Publikum auftreten?«

»Na klar!«, sagte sie, ohne zu überlegen, »das habe ich schon oft auf meiner Tour gemacht. Die Größe des Publikums ist mir nicht wichtig.« Und schon strahlten ihre fröhlichen Augen wieder unternehmungslustig. Anna Magdalena ist ein Energiebündel und lebt für ihr Programm. So war es für sie ein Vergnügen, auf meine Idee einzugehen. Ganz spontan lud ich meine Nachbarn zu mir in die Döns ein. Dort wurden wir von Anna Magdalena herzlich willkommen geheißen und köstlich unterhalten. Einer brachte was zum Knabbern mit, ein anderer etwas zum Naschen. Getränke wurden beigesteuert und jeder Gast brachte außerdem eine große Portion Neugierde mit. Die junge, lebensfrohe Frau mit der kräftigen, klaren Stimme zog nach und nach jeden von uns in ihren Bann und es war ein gelungener und vor allem gemütlicher Abend in der warmen Döns, während draußen der Wind um die Häuser zog.

Anna Magdalena schloss den Abend mit einem Gedicht von Anna Ritter:»Ich wollt', ich wär' des Sturmes Weib. Es sollte mir nicht grausen ...«

Passender hätte man den Abend nicht abschließen können. Mal abgesehen davon, dass man ihr jedes Wort glaubte! Gerade wenn man sie in den folgenden Tagen über die Warft durch den Wind laufen sah, musste man unweigerlich an dieses Gedicht denken und schmunzeln. Wenn sie danach wieder ins Haus kam, erzählte sie mir ganz begeistert von ihren Eindrücken und Gefühlen.

»Der Wind tut so gut und es ist ein befreiendes Gefühl, gegen ihn anzuschreien! Schon lange bin ich nicht mehr so durch die Gegend gesprungen. Nur gut, dass mich dabei niemand gesehen hat, denn sonst hätte man mich mit Sicherheit für verrückt erklärt!«

Ich lachte und sagte zu ihr:»Glaub mal nicht, dass dich dabei niemand gesehen hat! Auch wenn du keine Menschenseele ausmachen kannst, sei dir sicher, dass dich immer irgendjemand im Auge hat!«

Ihre kurz aufkommende Verlegenheit war jedoch so schnell verschwunden, wie sie kam, denn Anna Magdalena nahm es mit Humor. Und davon hat sie sehr viel. Eine beeindruckende junge Frau! Wenn ich ihr zuhörte, sei es in einem Moment, in dem sie sich unbeobachtet fühlte und dementsprechend laut vor sich hin pfiff oder sang (beides macht sie wirklich hervorragend) oder wenn sie ihre Zitate und Rezitation zum Besten gab, musste ich immer lächeln. Freude und Respekt empfinde ich gleichermaßen. Wie gern hätte ich sie auf ihrer Radtour durch den Süden Deutschlands begleitet. Mit ihr durch meine alte Heimat zu radeln, wäre ein Highlight meines Lebens gewesen. Abgesehen davon, dass sie mich aufgrund ihrer Kondition wahrscheinlich schnell abgehängt hätte. Aber wer weiß! Wahrscheinlich hätte ich einen Schleichweg gefunden und meinen Heimvorteil schamlos ausgenutzt. Gelacht hätten wir letztendlich mit Sicherheit beide. So wie auf Hooge, während ihres Besuchs. Eine der schönsten Begegnungen für mich.

Das Fest der Feste ist natürlich eine Hochzeit. Auch das durfte ich bereits im Haus am Landsende erleben. Die erste standesamtliche Hochzeit richtete ich für Gäste aus, die schon seit vielen Jahren in mein Haus kommen. Sie wünschten sich eine außergewöhnliche Trauung in einem persönlichen Ambiente. Die beiden entschieden sich für eine ausgefallene Salz-Zeremonie, die in meinem schönsten Zimmer, dem Pesel, stattfand und von dem Standesbeamten und einer Hochzeitsplanerin von der Nachbarinsel durchgeführt wurde. Bei dieser außergewöhnlichen Zeremonie werden Passagen auf Friesisch gesprochen, es gibt ein von Hand geflochtenes Nis-Puk-Brot, friesisches, von Hand gesiedetes Salz und den gesiegelten Pellwormer Hochzeitsbrief. Nis Puk ist eine Figur aus dem Bereich der Volksmärchen. Man sagt ihm eine Beschützerrolle für Haus, Hof und Tiere nach, vorausgesetzt man behandelt ihn gut. Planerin und Standesbeamte reisten extra für diese Hochzeit mit dem Boot von Pellworm nach Hooge. Im Anschluss an die Trauung gab es eine kleine Kaffeetafel und für abends hatte sich das Brautpaar für sich und die engsten Freunde ein Menü gewünscht. Beides arrangierte ich in der festlich hergerichteten Döns, direkt neben ihrem Trauzimmer.

Ein paar Jahre später fragten Nachbarn, ob ich dabei helfen würde, ihren seit mehreren Jahrzehnten treuen Stammgästen einen Herzenswunsch zu erfüllen. Auch die beiden wollten unbedingt auf Hooge heiraten. Gern stellte ich dafür erneut Döns und Pesel zur Verfügung. Ende 2014 erhielt ich einen Anruf eines ehemaligen Kollegen und Freundes aus München. Erst ein halbes Jahr zuvor hatte Gerd mir erzählt, dass sowohl für ihn als auch für Ela, seine Lebensgefährtin, eine zweite Ehe nicht infrage käme. Umso größer war die Überraschung, als mir Gerd am Telefon verkündete, dass sie es sich anders überlegt hätten. »Plötzlich war es ganz klar – wir wussten beide, dass wir heiraten wollen«, sagte er, während Ela im Hintergrund bestätigend dazwischenrief. Diese Worte kamen aus tiefstem Herzen und in dem Moment fühlte ich mich, als ob ich direkt bei der Frage aller Fragen dabei gewesen wäre. Der Antrag war schon längst ausgesprochen und auch angenommen, dennoch erzählten die beiden am Telefon so lebhaft und eindrucksvoll davon, dass ich Gänsehaut bekam.

»Aber da wäre noch was, was wir mit dir besprechen müssten«, sagte Gerd so ernst, dass ich schlagartig aus dem romantischen Gefühl herausgerissen wurde. »Wir hätten da einen großen Wunsch. Wir würden so gern in deinem Haus heiraten.«

Mir fehlten vor Rührung die Worte! Die beiden waren vorher erst einmal auf Hooge zu Besuch gewesen und trotzdem wussten sie, dass das der Ort für sie sein sollte, an dem sie den Bund für ihr gemeinsames Leben schließen wollten.

»Und«, fuhr Gerd am anderen Ende der Leitung fort, »etwas fehlt mir noch, damit die Hochzeit richtig rund wird. Ich brauche noch eine Trauzeugin.«

Ich war begeistert. Eine Hochzeit von guten Freunden in meinem Haus und mit mir als Trauzeugin! Die Überraschung war gelungen. So kam es also dazu, dass im März 2015 eine weitere Hochzeit in meinem Haus stattfand. Für meine Freunde schlüpfte ich nicht nur in die Rolle der Dekorateurin, sondern auch in die der Koordinatorin vor Ort. In der Hooger Halligkirche fand im Anschluss an die standesamtliche Trauung im Pesel die kirchliche Zeremonie statt. Zwischenzeitlich fungierte ich als Trauzeugin, Brautjungfer und Fotografin und abends als Chauffeurin. Letztendlich wurde es nicht nur für das Brautpaar ein unvergesslicher Tag, sondern auch für mich! Einer der schönsten und herzlichsten in meinem Leben.

Wenn ich an die schönsten Momente während meiner Zeit auf Hooge denke, dann fallen mir auch die vielen Briefe und E-Mails ein, die ich von für mich völlig fremden Menschen bekommen habe, nachdem sie mich in einer Fernsehsendung sahen oder einen Artikel über mich lasen. Diese Menschen gaben mir Einblicke in ihr Leben, die zum Teil sehr privat waren. Manche baten mich um Hilfe, manche wollten einen Rat und wiederum andere sagten einfach nur: »Danke.« Sie bedankten sich bei mir dafür, dass ich sie ermutigt, dass ich sie neugierig gemacht oder auch wachgerüttelt hatte. Und das alles nur, weil ich in einer Talkshow über meinen Schritt von München nach Hooge und über die Hallig sprach. Unglaublich, wie viele Menschen ich damit berührte. Und genauso unbegreiflich ist für mich, wie viele mich das haben wissen lassen. Manch einer nicht nur mit wunderbaren Zeilen, sondern auch mit Geschenken. Eine Dame rief bei mir an und sagte mir, dass sie ihren Haushalt verkleinern müsse. Sie hatte sehr viele Kupfertöpfe und wollte diese nicht einfach nur verscherbeln. Sie wünschte sich, dass ich sie annehme, denn sie sah auf Bildern meine Küche und die dort hängenden Töpfe, ebenfalls aus Kupfer. Nach unserem Telefonat packte sie ein großes Paket und schickte mir wunderschöne Formen und Bestecke, die nun neben meinen Töpfen an der Wand ihren Platz gefunden haben. Eine andere Dame schickte mir ein Paket mit einem Brief und zwei Bildern. Zwei wunderschöne Malereien in handgearbeiteten Rahmen. Sie schrieb von ihrer Mutter, die mit Leib und Seele Malerin war und sich vor allem durch die Insel Amrum und durch Hallig Hooge inspirieren ließ. Aufgrund persönlicher Umstände musste sie sich von der Sammlung ihrer längst verstorbenen Mutter trennen und wünschte sich nun, dass diese Bilder mit Halligmotiven bei mir ein neues Zuhause fänden. Mir fehlten die Worte und ich bekam eine Gänsehaut, als ich die letzten Zeilen des Briefes las. Der Brief lag rund zwei Wochen auf meinem Schreibtisch, bevor ich endlich dazu kam, ihn zu beantworten. Dabei fiel mir auf, dass auf diesem kein Absender stand. Der stand wahrscheinlich nur auf dem Karton, der schon längst entsorgt war. Meinen gesamten Schreibtisch stellte ich auf den Kopf, in der Hoffnung, irgendwo ein Kuvert mit der Anschrift zu finden – ohne Erfolg. Im Zeitalter der Technik sollte es nicht so schwierig sein, im Internet eine Adresse zu finden, so dachte ich! Ich schrieb ein paar Adressen mit dem gleichen Namen an, aber meine Dame war nicht auffindbar. Bis heute konnte ich mich nicht bei ihr bedanken. Den Brief an sie habe ich trotzdem in der Hoffnung geschrieben, dass sie sich bei mir meldet und nachfragt, ob die Bilder überhaupt angekommen sind. Diese hängen in der Döns an der Wand und hätten nun zwei Geschichten zu erzählen. Die der Künstlerin und die über den Weg auf die Hallig. Hoffentlich werde ich von der ersten Geschichte eines Tages noch erfahren.

Eine ganz besondere Begegnung erlebte ich im September 2013. Einen Monat zuvor schrieb mich ein Mann an, der mich ebenfalls in einer Fernsehsendung sah. Er brachte sein Anliegen schnell auf den Punkt: »Ich erhalte demnächst Besuch von einem Gast aus Tibet, er ist ein Mönch und darüber hinaus auch ein Lama. Ich organisiere seine Route durch Nordfriesland, auf der ich ihm unter anderem die Natur der Halligwelt und das Wattenmeer näherbringen möchte. Vielleicht haben Sie Lust, ihm etwas über Ihre Wahlheimat Hooge zu erzählen und im Gegenzug etwas über seine tibetische Heimat zu erfahren?« Er selbst könne nicht mitkommen, aber er habe »vollstes Vertrauen in mich«, ließ er mich wissen.

Ob ich Lust hätte? Na klar! Gedanklich hatte ich sofort eine komplette Halligführung auf Englisch zusammengebastelt und machte mir schon große Sorgen darüber, ob ich das überhaupt schaffen würde. Alles auf Englisch, einem Tibeter gegenüber, ich als Frau und überhaupt?! Selbst beruhigte ich mich wieder mit der Vorstellung, dass Tibeter wahrscheinlich eh mehr mit dem Herzen hören als mit den Ohren, und da wusste ich, dass die Hallig für sich selbst am besten und unmissverständlich sprechen würde. Außerdem sollten eine Tibetologin aus Deutschland und ein weiterer Freund des Lamas, der auch ein paar Englischkenntnisse hatte, den weit gereisten Gast begleiten, die übersetzen würden, wenn ich nicht weiter käme. Das mit der eventuellen Sprachbarriere war also geklärt. Jetzt taten sich andere Fragen auf: Wie begegnet eine Frau einem tibetischen Mönch und noch dazu einem Lama? Was darf ich, was darf ich nicht? Mögen Tibeter Kühe? Wie zelebriere ich die Begrüßung und war da nicht etwas mit einem Schal?

Ich war sehr aufgeregt, als ich am Anleger auf die drei Besucher wartete. Zur Begrüßung legte ich, wie ich es recherchiert hatte, die Handflächen aneinander, nahm die Hände auf Brusthöhe und deutete eine Verbeugung an, als die drei auf mich zukamen. Damit hieß ich sie auf der Hallig willkommen. Und was machte der Lama? Er kam auf mich zu, legte mir eine Kata um den Hals und deutete ebenfalls eine Verbeugung an. Die Kata, ein traditioneller Schal oder auch eine Seidenschleife, wird grundsätzlich überreicht, um jemandem seine Ehrerbietung zu erweisen und um zu zeigen, dass man in friedlicher Absicht kommt. Für einen Moment schwebte ich in ganz anderen Sphären, war gleichzeitig verlegen, aufgeregt und unglaublich berührt. Ich fühlte mich in diesem Augenblick mehr als geehrt! Was für eine herzliche Geste, was für eine wunderbare Sitte. Dass die anderen beiden mich daraufhin noch mit Handschlag begrüßten, ging fast spurlos an mir vorbei. Zurück in der Realität, begann ich sogleich mit meiner Rolle als Gästeführerin. Wir fuhren zuerst in den Westen der Hallig, stiegen auf den Deich und ließen dort die Umgebung, den Wind, die Wolkenbilder und die Hallig auf uns wirken. Der Lama wollte alles wissen und es brachte viel Freude, ihm jede Frage zu beantworten. Das nächste Etappenziel war die Kirchwarft. Er wollte die Kirche und auch den Friedhof sehen und war sichtlich beeindruckt. Auch im Osten der Hallig stellten wir uns auf den Deich und hörten bewusst auf die Unterschiede zu den Geräuschen, die wir zuvor am anderen Ende der Hallig wahrgenommen hatten. Hier wurde meine Vermutung, dass Tibeter gut mit dem Herzen hören, bestätigt. Im Anschluss daran fuhren wir in mein Haus. Die Gäste schauten sich interessiert das Reetdach, die Räume Döns und Pesel und vor allem die Hooger Tracht an. Der filigrane Silberschmuck hatte es dem Lama besonders angetan. Wir tranken warmes Leitungswasser, das Lieblingsgetränk des Lamas, und saßen noch eine Weile zusammen. Zum Abschied überreichte ich meinen Gästen spontan ein besonderes Geschenk. Jeder bekam ein Stück »Gold des Meeres« mit, denn den Bernstein hatten sie schon zuvor bei mir im Haus sehr bewundert. Dieser Tagesgast hat mich sehr beeindruckt und sein Besuch war ein einmaliges und besonderes Erlebnis in meinem Halligleben.

## KAPITEL 21

# *Die Hallig auf den zweiten Blick*

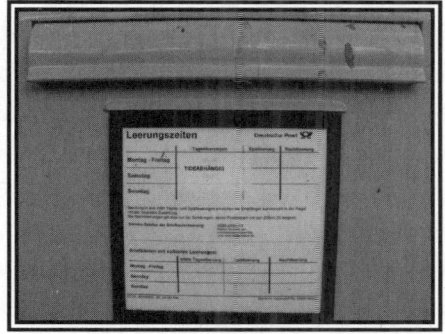

Vieles auf der Hallig ist anders, als es auf den ersten Blick scheint, und wie so oft im Leben lohnt es sich, zweimal hinzugucken, und manchmal ist das ja auch unumgänglich.

Auffällig ist zum Beispiel ein architektonischer Unterschied, der einem gleich nach der Ankunft auf der Hallig ins Auge fällt. Auf der zweiten Warft, der Kirchwarft, steht das Pastorat, das wesentlich größer ist als die Kirche. Auch befindet sich die Glocke nicht auf dem Dach, sondern in einem Turm neben der Kirche. Dafür habe ich zwei Begründungen erfahren und beide klingen für mich schlüssig. Die eine besagt, dass ein Glockenturm eine zu große Angriffsfläche bei Sturm sei. Die andere Begründung ist wesentlich spannender. Das Nordseegebiet war lange Zeit das Revier von Seeräubern. Kirchtürme waren von Weitem zu sehen und Kirchen wiederum waren immer schon ein Indiz für Reichtum. Ein gefundenes Fressen für Piraten. Ist der Turm neben dem Kirchengebäude platziert, ist er aus der Entfernung nicht als dieser zu erkennen.

Eine zweite Auffälligkeit entdeckt derjenige, der seine Post zum Briefkasten bringt. Die Leerungszeiten sind auf einer Hallig tideabhängig. Das hängt damit zusammen, dass die Post über den Wasserweg nach Hooge kommt und durchaus auch mal Ebbe und Flut den Rhythmus bestimmen können und nicht nur Fahr- oder sonstige Pläne. Wer vor allem in der Winterzeit abends einen Spaziergang macht, bemerkt spätestens jetzt, dass es hier keine Straßenbeleuchtung gibt. Geh- und Fahrradwege fließen barrierefrei in die Straße ein, die auch von den Autos und Kutschen befahren wird. Ausgewiesene Einbahnstraßen oder verkehrsberuhigte Zonen gibt es hier nicht. Das sind alles offensichtliche Unterschiede.

Einen Halligarzt haben wir hier nicht. Seit einiger Zeit gibt es allerdings für uns die Chance, einen Arzt auf der Hallig zu konsultieren, wenn dieser im Zwei-Wochen-Rhythmus für ein paar Stunden auf die Hallig kommt. Das ist ein riesiger Fortschritt für uns Halligbewohner. Bei einem Notfall wird die Pflegestation auf der Hallig informiert oder telefonisch über die 112 direkt die Notfallzentrale auf dem Festland. Dieses Verfahren ist tatsächlich das gleiche wie auf dem Festland, aber die Abläufe vor Ort sind andere. Seit einigen Jahren bekommen wir einmal im Jahr die Auffrischung zu unserer »Halligretter-Ausbildung«. Im Notfall sollen wir dem Personal der Sanitätsstation der Krankenpflege, die wir zum Glück vor Ort haben, zur Seite stehen. Auch ich gehöre zu den »Halligrettern«, musste mein Können zum Glück aber bisher nur in Übungen unter Beweis stellen. Zum Ende dieser Großübungen, in der einmal ein Unfall mit einer voll besetzten Kutsche nachgestellt wurde, kam der alarmierte Notarzt nicht mit dem Rettungshubschrauber, sondern mit dem Rettungskreuzer von der Insel Amrum.

Ein anderes Mal wurde die Rettung eines Verletzten per Hubschrauber nachgestellt, wobei dieser in einer Trage liegend über eine Winsch (Seilwinde) nach oben gezogen wurde. Das war für uns alle eine einmalige Schulung. In anderen Notlagen kommen die Gemeindearbeiter zum Einsatz, wie kürzlich bei meiner Nachbarin. Ihr war das Heizöl ausgegangen. In so einem Moment können wir nicht einfach zum Telefon greifen und den nächsten Zulieferer anrufen. Die Kosten würden ins Unermessliche steigen, wenn der Lkw nur für einen Haushalt auf die Hallig käme. Eine vorausgehende Sammelbestellung ist sinnvoll und wird im Normalfall auch so gehandhabt. Aber es passiert schon mal, dass man in die Situation kommt, auf dem Trockenen beziehungsweise im Kalten zu sitzen. Auch mir ist das schon passiert, als der Winter einfach kein Ende nehmen wollte. Irgendwann waren die zweitausend Liter in meinem Tank aufgebraucht, aber aufgrund des eingeschränkten Winterfahrplans und der herrschenden Wettersituation konnte die Öllieferung nicht rechtzeitig auf die Hallig kommen. Hier kann die Gemeinde aushelfen, denn diese hat einen Reservetank.

Einer dieser Gemeindearbeiter und Nachbarn ist nebenbei auch für die Müllentsorgung auf der Hallig zuständig. Wenn »Müll ist«, heißt das, dass der Tag der Müllsäcke-Abholung naht. Da diese Formulierung viel zu umständlich ist und die Hooger es gern kurz und knapp haben, sagen wir nur: »Denk daran, morgen ist Müll!« Das heißt, dass die schwarzen, gelben und grünen Säcke morgens auf die Sammelplätze an den Warften hinausgelegt werden müssen und dann der Nachbar mit seinem Traktor vorbeikommt, die Säcke einsammelt und sie zum Anleger bringt, von wo aus sie ihre Reise ans Festland antreten.

Wenn man vergisst, dass »Müll ist«, kann es passieren, dass die Müllsäcke im Schuppen liegen bleiben müssen. Während des Sommerfahrplans ist das nicht so schlimm, denn dann warten wir nur eine Woche bis zum nächsten Abholungstermin. In den Wintermonaten kann das aber durchaus mal länger dauern. Also auch die Sache mit dem Müll verhält sich auf einer Hallig anders als auf dem Festland. Man kann schon sagen, dass wir hier in einer anderen Welt leben. Zumindest auf viele alltägliche Situationen bezogen, die auf dem Festland eher als Selbstverständlichkeiten wahrgenommen werden.

Für Halligleute haben daher auch Geschäftsöffnungszeiten eine wesentlich ausschlaggebendere Bedeutung als für die meisten anderen Menschen. Ist bei uns der Halligkaufmann geschlossen, gibt es nicht die Möglichkeit, zur Tankstelle zu fahren, um dort das vergessene Päckchen Butter einzukaufen. Auch gibt es keinen Nachbarort, in dem Geschäfte bis 22 Uhr geöffnet haben. Ist der Laden auf Hooge geschlossen, dann gibt es keine andere Einkaufsmöglichkeit. Man kann dann nur noch die Nachbarn fragen oder den aufgestellten Speiseplan kurzfristig ändern. Gehen Halligleute zum Einkaufen, müssen sie eine durchdachte Einkaufsliste haben. Klingt für den ein oder anderen bestimmt befremdlich und umständlich, ist aber gar nicht so schlimm. Man muss sich eben nur wieder daran gewöhnen, im Voraus zu planen und entsprechend vorher zu organisieren. Andere Umstände führen zu anderen Maßnahmen und auch manchmal zu anderen Wahrnehmungen.

Von den rund neunzigtausend Tagesausflüglern, die nur für einen Tag nach Hooge kommen, hat wohl der ein oder andere wirklich den Eindruck, in einer anderen Welt angekommen zu sein. Das liegt aber bestimmt nicht an der kleinen Kirche, der tideabhängigen Postzustellung oder der fehlenden Straßen-beleuchtung. Viel mehr stolpern diese Menschen über nicht vorhandene Beschilderungen. Meine Hausgäste sprechen mich häufig darauf an, dass sie es als störend empfinden, wenn sie auf dieser kleinen Hallig Privat-Schildern gegenüberstehen. Kein Wunder. Die meisten Langzeitgäste wissen ja auch, wie sie sich auf den Warften zu verhalten haben. Gäste, die aber nur für einen Tag auf die Hallig kommen, wären eher dank-bar für erklärende Schilder. Verbotsschilder sehen auch diese nicht gern. Ich ehrlich gesagt auch nicht. Erklärende Worte in einem freundlichen Ton, gern auch in schriftlicher Form, sind durchaus hilfreich und auch nachhaltig. Manchmal kann ich darüber schmunzeln, wenn es deutlich zu sehen ist, dass Ta-gesgäste völlig gedankenlos über eine Warft laufen. Sie achten nicht darauf, ob sie auf roten Klinkerwegen laufen oder ob sie befestigte Wege verlassen, ob sie vor oder hinter einem Haus stehen oder sich auf Privatgrund befinden. Sie sind so fasziniert von und manchmal auch neugierig auf das andere Leben auf einer Hallig, dass sie Selbstverständlichkeiten wie Respekt vor der Privatsphäre vergessen.

Verlässt man auf einer Warft einen befestigten Weg und läuft auf Rasen weiter, kann davon ausgegangen werden, dass man sich auf privatem Gelände, vermutlich sogar in einem Gar-ten befindet. Manchmal laden die auch dazu ein, dass ein Tou-rist zum Fotoapparat greift, um die Blumen oder das Haus oder was auch immer festzuhalten. Das ist dann allerdings für Ein-heimische gar nicht mehr zum Schmunzeln. Ich erlebe es selbst häufig, dass Fremde auf der Warft stehen, sich in aller Ruhe meinen Garten angucken und fotografieren. Auf der einen Seite ein Kompliment. Würde es ihnen nicht gefallen, wäre es wohl kein Foto wert. Aber diese Personen stehen in diesem Moment in meinem Garten. Sie gucken zum Teil direkt in die Fenster der Ferienwohnungen oder in meine Küche und das gefällt mir gar nicht. Ich empfinde das als Eingriff in die Privatsphäre, auch wenn sicherlich die Wenigsten diese Grenze bewusst überschreiten. Ich frage mich allerdings in solchen Momenten, wie der ein oder andere Fotograf wohl reagieren würde, wenn bei ihm plötzlich jemand ungefragt im Garten stehen, knipsen und zum Fenster hereinschauen würde?

Ja, auf einer Hallig ist vieles anders und das ist auch gut so, denn das ist mit ein Grund, warum jede so einzigartig ist. Aber trotzdem gelten auch hier Regeln, genau wie auf dem Festland – ob sich alle daran halten, steht allerdings auf einem anderen Blatt, aber das ist ein anderes Thema. Meine Empfehlung lautet hier: Vorher darüber nachdenken, ob man das, was man gerade beabsichtigt zu tun, selbst auch respektieren könnte. Meistens ergibt sich dann eine klare Antwort von selbst. Oder aber direkt fragen! Auch dadurch können sich interessante und lustige Momente ergeben. Ich erlebe es des Öfteren, dass Interessierte an der Türe klopfen und fragen, ob sie meinen Garten angucken können. Wenn es zeitlich passt, komme ich gern mit und beantworte Fragen. Daraus sind schon wunderbare Gespräche entstanden. Auch gab es schon Begegnungen, die so überraschend und lustig waren, dass es mir im ersten Moment die Sprache verschlug. Auch meine Mutter kann diesbezüglich von so einigen Erlebnissen berichten. Nicht nur einmal geschah es, dass sich plötzlich fremde Menschen im Flur unseres Hauses aufhielten. Manche zogen sich bereits die Jacken aus, um sich in der Döns, die ihnen durch das Fenster aufgefallen war, hinzusetzen. Die Überraschung war auf beiden Seiten groß, wenn ich sie darüber aufklärte, dass es sich hier nicht um ein Café handele. Meine Mutter erinnert sich gern an die Situation, als Personen im Flur standen und durch die Scheiben in der Küchentür guckten. Sie erschraken mehr als meine Mutter, als sich diese unerwartet bewegte. Die Damen und Herren im Flur glaubten doch tatsächlich, dass es sich bei dem Haus um ein Museum handeln würde und meine Mutter in der Küche eine Puppe sei, die die Situation einer Hausfrau in früheren Zeiten darstellen sollte. Die alten Töpfe und Pfannen an der Wand und die für den Moment regungslose Frau, die in ein Kochrezept vertieft war, erweckten damals den Eindruck.

Der Blick der Menschen, die zum ersten Mal nach Hooge kommen, ist oft ein anderer als der eigene. Aber auch der Blick mancher Halligleute ist manchmal ein ganz anderer als der meinige und umgekehrt. Ich wundere mich oft darüber, wie Situationen von Nachbarn ganz anders wahrgenommen werden als von mir. So zum Beispiel mit Tagesgästen im Garten. Ich kann schon verstehen, dass manch ein Warftbewohner große Probleme mit den sogenannten »Fensterkiekern« hat, denn auf zentral gelegenen Warften ist es tatsächlich extremer als auf der ruhigen Ockenswarft. Daher ist es wichtig, zweimal hinzusehen oder auch nachzufragen, bevor man be- oder sogar verurteilt. Das gilt für Halligleute genauso wie auch für Besucher. Manchmal ist es auf den ersten Blick gar nicht so anders oder kompliziert, wie es scheint.

Eine Besonderheit des Halliglebens, bedingt natürlich durch die Größe und die überschaubare Einwohnerzahl, ist der einmalige »Halligfunk«. In meinen Augen gibt es nichts Vergleichbares. Der »Halligfunk« sorgt dafür, dass sich vermeintliche Neuigkeiten und Gerüchte in Windeseile über die Hallig verbreiten. Ich erinnere mich an ein frühmorgendliches Telefonat mit einem Halligbewohner, der mich eigentlich wegen einer ganz anderen Sache anrief. Zum Ende des Gesprächs sagte er: »Da wir gerade miteinander sprechen – darf man gratulieren?« Da ich mit der Frage zuerst nichts anfangen konnte, kam meine fröhliche Antwort schnell und unüberlegt: »Aber natürlich! Gratulieren darf man mir immer gern!«

Für einen Moment schwiegen wir beide, dann fragte ich aber, ob er mir verraten würde, zu welchem Anlass er denn gratulieren möchte.

»Na ja ... zu einem Anlass, dem man eigentlich wohl erst so in neun Monaten richtig Aufmerksamkeit entgegenbringen könnte.«

Wann ich das letzte Mal so spontan und herzhaft loslachte, ist mir nicht bewusst. Überrascht fragte ich: »Nein! Bin ich schwanger? Bekomme ich ein Kind?«

Aufgrund meiner Reaktion ging er wohl davon aus, dass es sich doch eher nur um ein Gerücht handeln würde.

»Ich wollte zu der Verbreitung des vermutlichen Gerüchts nicht beitragen und daher habe ich es bevorzugt, dich direkt zu fragen«, sagte er, allerdings leicht verunsichert, so hatte ich zumindest den Eindruck.

Immer noch lachend, konnte ich ihm nur sagen, dass ich mich sehr über die Nachricht freuen würde und er der Erste sei, der mir gratuliere.

»Du hast mir den Tag versüßt!«, sagte ich zu ihm, während mir die ersten Tränen über die Wange rollten, denn ich kam aus dem Lachen gar nicht mehr heraus.

Einiges ist auf einer Hallig anders. Die Infrastruktur im Allgemeinen, die medizinische Versorgung, die Erreichbarkeit und auch der Informationsfluss. Sei es der durch die Tageszeitung oder auch der, der einen über den »Halligfunk« erreicht. Wie so oft komme ich zu dem Schluss: Egal, auf welchem Flecken Erde man auch lebt, letztendlich kommt es immer nur darauf an, sich selbst darüber im Klaren zu sein, was man möchte und was man für Erwartungen hat. Und vor allem darauf, nicht auf das zu hören, was andere sagen. Es ist wichtig, selbst nachzufragen oder zumindest zweimal hinzugucken. Vorausgesetzt, das Interesse ist aufrichtig. Ist es das nicht, braucht man das natürlich nicht zu tun. Dann reicht ein oberflächlicher Blick oder auch das Zuhören bei dem, was die Leute so sagen. Bin ich aber an Fakten interessiert, daran, wie es wirklich ist, dann sollte der Blick tiefer gehen. Erst wenn sich gewisse Zusammenhänge auftun, wenn die Andersartigkeit in den Hintergrund rückt, nur dann ist es möglich, sich auf andere Situationen und Gepflogenheiten einzulassen, ihnen mit Humor zu begegnen und sich ihnen auch zu stellen. Hätte mich die »freudige« Nachricht ein Jahr zuvor erreicht, hätte ich vermutlich anders reagiert. Wahrscheinlich wäre mir der »Halligfunk« auf die Nerven gegangen und auch noch vieles andere. Vielleicht hätte ich einen Moment geglaubt, ich sei eine Gefangene in der Weite, mit Nachbarn, die ich mir nicht aussuchen kann und die manchmal mehr über mich zu wissen scheinen als ich selbst. Heute nehme ich es mit Humor und mit der auf der Hallig üblichen Gelassenheit.

## KAPITEL 22

# Von der stillen Zeit und dem Rummelpott-Laufen

Denke ich an Weihnachten in meiner Kindheit zurück, habe ich in erster Linie schöne Erinnerungen. Ich denke gern daran, als mein Vater mit mir und unserem Hund in den Wald ging, um dort einen Baum für unser Wohnzimmer zu schlagen. Das war in unserer Siedlung immer ein paar Tage vor dem Heiligen Abend üblich und oftmals liefen mehrere Väter gemeinsam los. Lag das beste Bäumchen gefällt und fest auf dem Schlitten verschnürt, zogen wir es gemeinsam nach Hause. Mein Vater mehr als ich. Am 24. ging er mit meinem Bruder und mir mittags auf den Christkindlmarkt, während meine Mutter den Baum schmückte und die Bescherung vorbereitete. Ich trug häufig ein besonders schönes Kleid, das meine Oma geschneidert hatte. Meistens lagen Geschenke wie Playmobil, Babypuppe und Zubehör, Spiele oder auch mal eine Flöte unter dem Baum. Nach der Bescherung gab es Fondue zum Abendessen, ein Essen, das in einer sechsköpfigen Familie viel Spaß mit sich brachte. Danach lief ich meistens gleich zu meiner Freundin Anne hinüber oder sie kam zu mir. Sie wohnte direkt gegenüber und wir wollten unbedingt unsere Geschenke gegenseitig begutachten und ausprobieren. Von diesen Weihnachtsfesten sind nur die Erinnerungen geblieben und ein paar Fotos, die wir gern ab und zu gemeinsam angucken. Unsere Freundschaft besteht immer noch, inzwischen seit über vierzig Jahren – ein Geschenk, das mit keinen materiellen Gaben aufzuwiegen ist.

Weihnachtsfeste auf Hooge sehen bei mir heute im Haus ganz anderes aus. Schon allein deshalb, weil ich als Kind öfter weiße Weihnachten erlebte als im Erwachsenenalter. Zwar gibt es auf den Halligen auch Schnee, aber zu Weihnachten kommt er längst nicht regelmäßig. Wenn er aber kommt, dann ist er in meinen Augen gern gesehen. Auf den Halligen wird er nicht zur unansehnlichen braunen Matsche wie in den Städten. Bei uns wird kein Salz gestreut und einen Winterdienst gibt es natürlich auch nicht. Besonders auf den Reetdächern strahlt der Schnee die Stille des Winters aus. Bei klarer Sicht leuchten die verschneiten Dächer von den Nachbarhalligen und der Anblick erinnert an ein Miniaturwunderland. Das macht den Winter auf der Hallig zu einem besonderen Moment, erst recht in der Weihnachtszeit. Diese stille Zeit, wie sie auch genannt wird, weckt nicht nur Erinnerungen und Sehnsüchte an vergangene Weihnachtsfeste, sondern lässt mich auch den Ursprung beziehungsweise ihre eigentliche Bedeutung gewahr werden: in Ruhe das Jahr ausklingen lassen, sich auf das Hier und Jetzt und auch auf das Wesentliche besinnen. Sich Zeit für die Familie nehmen und vielleicht auch wieder für den ein oder anderen Besuch eines Gottesdienstes. Für mich bedeutet die

Weihnachtszeit auf Hooge, das zu Ende gehende Jahr bewusst abzuschließen, Resümee zu ziehen und im Haus Gemütlichkeit einkehren zu lassen. Ich dekoriere das Haus überwiegend in den Farben Grün und Rot. Ich finde, dass sie besonders gut in die Weihnachtszeit und auch in mein Haus passen, genauso wie Kerzen, Kaminfeuer, verschiedene Gewürze und natürlich auch der traditionelle friesische Weihnachtsbaum, der dann in der Döns auf der Fensterbank steht.

In Ermangelung üppiger Tannenwälder sind Weihnachtsbäume auf der Hallig keine Selbstverständlichkeit. In einem Gespräch mit einem alten Hooger habe ich einmal gehört, dass der erste Weihnachtsbaum 1884 auf Hooge angespült worden sei. Auf anderen Halligen gibt es seit jeher einen Baum zum Fest. Ihn nach Hooge zu bringen, war früher ein großer Aufwand. Hooge ist nicht zu Fuß erreichbar. Eine Schifffahrt auf die Hallig dauerte bis vor ein wenigen Jahrzehnten noch zwei Tage und war nicht wirklich komfortabel. Einen sperrigen Weihnachtsbaum mit auf die Reise zu nehmen, überlegte man sich zweimal. Trotzdem hat er sich durchgesetzt und steht heute, genauso wie auch auf dem Festland, in den meisten Wohnzimmern der Hallighäuser. Aber eben auch der friesische Weihnachtsbaum, auch Julbaum oder Kinkenbuum genannt, ist durch das eine oder andere Fenster zu sehen. Ein Bogen aus Sperrholz, der auf einem viereckigen Fuß steht, mit drei oder mehreren Etagen, je nach Größe und Geschmack. Der Rundbogen wird fest mit Buchsbaum umwickelt. Geschmückt wird er mit dem sogenannten Kinkentüch, Figuren, die man selbst aus Holz, Salzteig oder dem herkömmlichen Teig aus Wasser, Zucker, Mehl, Hirschhornsalz, Butter und Lebensmittelfarbe herstellen kann. Am Fuß stehen Adam und Eva samt Schlange am Apfelbaum.

Sie symbolisieren den Beginn der biblischen Menschheitsgeschichte. Außerdem gibt es Tiermotive oder auch Motive aus der Seefahrt und Landwirtschaft, die dem heidnischen Glauben entspringen. An meinem Baum hängen ein Segelboot und eine Mühle sowie Kuh, Schwein, Fisch und Hahn. Jedes Symbol hat natürlich irgendeine besondere Bedeutung. Allgemein sagt man, dass sie für Fruchtbarkeit, Glück und gute Wünsche für das neue Jahr stehen. Auffällig ist die Kette, die an so einem Baum hängt. An meinem Julbaum hängt immer nur eine, es gibt aber auch die Variante, bei der an jeder Etage eine gespannt ist. Nicht etwa eine Silber- oder andere Schmuckkette! Hierbei geht es um einen Faden, auf den Rosinen oder Bernsteine gezogen sind. Gern stelle ich den Personen, die so einen Baum noch nie gesehen haben, die Frage, welche Kette wohl die wertvollere sei. »Natürlich die Bernsteinkette«, lautet meistens die Antwort. Diese ist aber falsch! Bernstein gab es immer schon auf den Halligen. Ihn zu finden, ist nicht so schwierig. Zumindest wenn man Geduld und den Blick dafür hat. Aber Rosinen – Rosinen waren früher teuer und aufwendig in der Beschaffung. Wenn man sie im Haus hatte, gehörten sie zu den kostbaren Nahrungsmitteln, die vor allem im Winter lange haltbar waren. Sie darüber hinaus als Weihnachtsbaumschmuck zu verwenden, galt schon als Luxus. Manch einer hat an dem Bogen auch noch vier Kerzenhalter befestigt. Die meist weißen Kerzen stehen für die Adventssonntage.

Obwohl ich versuche, meine Aufgaben in dieser stimmungsvollen Jahreszeit herunterzuschrauben, habe ich nicht automatisch mehr Zeit. So kommt alle Jahre wieder das Plätzchenbacken zu kurz. Das ist aber gar nicht schlimm, denn seit vielen Jahren kommen Ende November Gäste ins Haus, die der Weihnachtsbäckerei Konkurrenz machen könnten. Wenn Anke und Markus mit ihrem süßen Kater Gustav im Haus sind, habe ich für eine Woche keinen Mangel an Plätzchen und Weihnachtsduft. Ja, auch in dieser Zeit habe ich Gäste im Haus. Sie entfliehen gern dem heute leider typischen Weihnachtsstress auf dem Festland. Sogar junge Menschen empfinden das so. Anke und Markus fahren den langen Weg aus Nordrhein-Westfalen bis nach Hooge mit dem Auto, um dem Weihnachtswahnsinn zu entgehen. Sie sind in meinem Alter und denken darüber genau wie ich. Menschen kaufen gerade in dieser Zeit ein, als ob es für die nächsten Wochen nichts mehr geben würde. Viele sind gestresst unterwegs, weil sie zu spät dran sind. Wo man hinkommt, überall ist Weihnachtsdudelei im Hintergrund zu hören, die so gar nichts mit *Stille Nacht* oder *Süßer die Glocken nie klingen* zu tun hat. Ich finde es furchtbar, wenn im September die ersten Lebkuchen in Geschäften zu finden sind. Wenn dann noch ab Ende Oktober Weihnachtslieder hinzukommen, die man Mitte Dezember nicht mehr hören kann, fällt es mir sehr schwer, irgendeine Art von Weihnachtsstimmung aufkommen zu lassen. Wenn es sich irgendwie vermeiden lässt, versuche ich im Dezember keine Termine auf dem Festland wahrzunehmen. Geht es nicht anders, bin ich umso glücklicher, wenn die Fähre nach einem Tag in dem Weihnachtschaos wieder auf der Hallig anlegt und ich in die Stimmung auf Hooge eintauchen kann. So geht es auch den Gästen, die dann auf den Halligen Urlaub machen. Sie suchen die Ruhe, besonders in der Vorweihnachtszeit oder sogar zum Fest. Weihnachten sind meine beiden Wohnungen immer früh ausgebucht, mal mit Stammgästen, mal mit Gästen, die zum ersten Mal in das Haus am Landsende kommen. Stammgäste entscheiden sich meistens dafür, weil sie ihre

Hallig auch einmal in der Weihnachtszeit erleben wollen. Gäste, die zum ersten Mal kommen, wollen in erster Linie der Unruhe auf dem Festland entfliehen und das geht auf einer Hallig wunderbar.

Zu den letzten Weihnachtstagen hatte ich in beiden Ferienwohnungen Stammgäste. Am 24. genoss jeder für sich den Heiligen Abend, am 25. saßen wir zusammen. Das Ehepaar, das in der »Grünen« wohnte – die beiden kommen aus der Nähe meiner Heimatstadt, nämlich aus Erding –, hatte für eine besonders köstliche Bescherung gesorgt. Sie kochten für uns fünf. Es gab Pute – ein Festmahl! Im angrenzenden Raum, dem Pesel, stand mein Weihnachtsbaum. Ein gut gewachsenes Bäumchen, das ich mit Strohsternen und -engeln, goldenen Glöckchen und Kerzenhaltern, roten Kerzen und Herzen sowie rot-weiß karierten Schleifen geschmückt hatte. Unter den ausladenden Zweigen lagen die Geschenke, die die Kinder meiner Gäste als Überraschung geschickt hatten. So hatten wir also am Tag danach noch einmal Bescherung und es machte Freude, die überraschten Gesichter zu sehen. Jetzt waren die Rollen vertauscht: Die Kinder sorgten für glänzende Augen bei den Eltern. Wir hatten einen wunderbaren, fröhlichen und sehr leckeren Abend.

Zu einem anderen Weihnachtsfest hatte ich beide Wohnungen mit Stammgästen belegt, die sich auf Hooge kennengelernt hatten. Auch wir aßen zusammen und haben im Grunde drei Tage durchgezockt. Am 24. fingen wir damit an. An dem Tag hat auch auf Hooge kein Lokal geöffnet, daher hatten wir es uns in der Döns gemütlich gemacht. Christiane und Philipp aus dem Allgäu sowie Rita und Dieter von der Ostsee. Von vierzig bis siebzig war fast jedes Jahrzehnt vertreten. Wir kamen während des Essens (es gab selbst gemachte Frikadellen, Würstchen,

Kartoffel- und Nudelsalat) darauf zu sprechen, wie wir früher in unseren Familien Weihnachten verbracht hatten, und so stellte sich sehr schnell eine Gemeinsamkeit heraus: Bei allen wurde früher gespielt. Nach kurzem Abfragen, wer welches Spiel kenne, kamen die UNO-Karten auf den Tisch und flogen nur so über die Platte. Obwohl Weihnachten war, wurde auch ab und zu mal geschummelt, aber immer nur so, dass letztendlich alle herzhaft darüber lachen konnten. Und wenn die Karten mal für einen Moment zur Seite gelegt wurden, haben wir gesungen. Ein Lied, das wir alle kennen und lieben, heißt *Herr, deine Liebe*. Das sangen wir, weil wir es in dem Moment genauso empfanden. Gerade weil wir zusammen waren, zusammen auf Hooge. Zu Weihnachten gemeinsam mit Freunden in heimeliger Atmosphäre an einem Tisch zu sitzen und beseelt die friedvolle Stimmung, die rund ums Haus herrscht, wahrzunehmen, ist zwar anders als Weihnachten zu Kinderzeiten, aber ebenso unvergesslich. Erst recht, wenn es sich im wahrsten Sinne des Wortes um fröhliche Weihnachten handelt.

Ein Jahr versuche ich bewusst besinnlich und resümierend abzuschließen. Gedanken darüber, was mir besonders gut gefallen hat oder was ich auf gar keinen Fall noch einmal erleben möchte, stehen im Vordergrund. Wenn Gäste im Haus sind, die gern für sich sind und die Ruhe genauso genießen wie ich, bleibt Zeit für Aufgaben, die ich über das Jahr hinweg aufgeschoben habe. Das kann das Erstellen eines Fotobuchs sein, auch mal eine Grundreinigung oder Renovierungsarbeiten. Bei all diesen Aufgaben kann ich wunderbar abschalten und nachdenken. Gibt es keinen privaten oder familiären Besuch im Haus, ist das für mich nicht schlimm. Es ist dann nicht die Einsamkeit, die Einkehr hält, sondern die stille Zeit.

Nach der Verabschiedung des ausklingenden Jahres bereite ich mich auf die Begrüßung des anstehenden Jahres vor. Auch zum Jahreswechsel sind Gäste im Haus. Meistens sind in der »Grünen« Gäste mit Hund, die somit der Silvesterknallerei auf dem Festland ausweichen. Auf den Halligen gibt es so wenig Feuerwerklärm, dass der Jahreswechsel für Hunde keinen Stress bedeutet. Wenn dann noch eine wolkenfreie Nacht hinzukommt, sind auch Frauchen und Herrchen glücklich. In das Jahr 2016 bin ich mit Gästen hineingerutscht, die inzwischen auch zu meinen Freunden zählen. Gemeinsam mit der jungen Dame aus der »Blauen« haben wir ein großes Raclette-Essen gemacht. Natürlich wieder einmal in der Döns. Alles, was die Augen erfreut und den Magen ein wohliges Völlegefühl empfinden lässt, stand auf dem Tisch. Sogar Fertigpizzateig war dabei, denn wir wollten ausprobieren, ob sich in den kleinen Pfännchen auch die persönliche Lieblingspizza zubereiten lässt. Es geht! Genau wie zu Weihnachten gab es wieder einmal ein Festmahl. Raclette eignet sich besonders gut, da es ein gemütliches Essen ist, für das Zeit investiert werden sollte.

Zeit muss am Silvesterabend unbedingt eingeplant werden, denn wenn man Glück hat, erhält man im Rahmen des traditionellen »Rummelpott-Laufens« Besuch von einer gut gelaunten Gruppe. Beim alten Brauch des Rummelpott-Laufens, der nicht nur auf den Halligen, sondern in ganz Nordfriesland bekannt ist, ziehen geschminkte und verkleidete Gruppen mit einem lärmenden Rummelpott von Haus zu Haus und tragen Gedichte oder plattdeutsche Rummelpott-Lieder vor. Als Belohnung erhalten die Kinder Süßigkeiten, für die erwachsenen Rummelpott-Läufer gibt es Teepunsch. Der Rummelpott stammt übrigens aus der Zeit, in der es noch Hausschlachtungen auf Hooge gab. Der

sogenannte »Pott« war eine Blechbüchse, über die eine Schweins-
blase strammgezogen wurde. In der Mitte ist ein Loch, ein Schilf-
rohr wird durchgesteckt und kräftig auf- und abgezogen. Schon
ist das laute »Rummeln« weithin zu hören. Heutzutage nimmt
man auch andere Instrumente oder schlägt auf einen Kochtopf,
Hauptsache, es macht ordentlich Lärm.

Wie andernorts in der Walpurgisnacht wurden hier früher
in der Silvesternacht während des Rummelpott-Laufens aller-
hand Späße ausgeheckt. Gern genommen wurden dafür Gar-
tengerätschaften, die nicht vorsorglich in Sicherheit gebracht
wurden. Gartenpforten oder Schubkarren landeten dann mitten in der Nacht auf dem Nachbargrundstück oder fanden sich
zu Beginn des neuen Jahres sogar auf dem Schornstein des
eigenen Hauses wieder ein. Einmal lief ich mit. Das ist schon
einige Jahre her, war noch vor meinem Umzug nach Hooge.
Ich war erst am Silvestertag bei meinen Eltern auf der Hallig
eingetroffen und völlig übermüdet von der Fahrt. Meine Tante
und mein Onkel waren ebenfalls zu Besuch. Nach dem gemeinsamen Abendessen wollte ich mich für ein Stündchen aufs Ohr
legen, um für die Silvesterparty einigermaßen fit zu sein. Keine
zehn Minuten vergingen, da stand die erste kostümierte Gruppe
singend in unserer Küche. Es waren drei junge Frauen in meinem Alter, die sich als »Fleißige Hausfrauen« verkleidet hatten.
Meine Mutter rief mich und als die Mädels mich sahen, stand
sofort fest, dass ich mitlaufen sollte. Da ich mich tatsächlich wie
ein erschöpftes Waschweib fühlte und wahrscheinlich auch so
aussah, war zum einen meine Reaktion, um abzulehnen, viel
zu langsam und zum anderen passte ich in diesem Moment in
die Runde wie der Lumpen zum Putzeimer! Noch schnell ein
paar Lockenwickler in die Haare gedreht, eine Schürze mit

Wäscheklammern umgehängt und den Wischmopp aus der Besenkammer geholt und schon ging es los.

Zu Fuß liefen wir von der Ockenswarft Richtung Westen. Mitteltritt/Lorenzwarft war unser erstes Ziel. Unterwegs lernte ich den Text. Johanna von Koczians Hausfrauenhymne *Das bisschen Haushalt* war unser Song. Es war keine Zeit, um über Müdigkeit und Kälte nachzudenken, und so war die Strecke schneller geschafft als anfangs befürchtet. Im für mich ersten Haushalt des Abends angekommen, sangen und putzten wir gleich los. Es lief gut, wir hatten Spaß und als Belohnung für die gelungene Darbietung bekamen wir vom Hausherren Teepunsch und Futjes, ein traditionelles Gebäck, gereicht, die typische Verpflegung für die Rummelpott-Läufer. Futjes sind lecker! Sie bestehen aus einem Teig aus Mehl, Zucker, Eiern, Milch, Rosinen und Rum, der in Fett ausgebacken wird. Die Futjes, am besten mit zwei Esslöffeln geformt, haben eine handliche Größe, die innerhalb von zwei, drei Bissen vernascht ist. Gereicht werden sie mit einem Schälchen Zucker, in die man sie direkt vor dem Zubeißen tunkt. Dazu gibt es Teepunsch. Das ist für mich weniger lecker, da ich Köm nicht mag. Dieser Anis-Korn ist die Basis eines beliebten und halligtypischen Getränks. Ein (sehr) guter Schuss davon in eine Tasse, die aufgefüllt wird mit heißem Schwarztee, wobei der Anteil des Tees mehr zur goldenen Färbung des Wassers dient als zur Stärkung des Geschmacks oder der Wirkung. Im Grunde wird der Teebeutel nur mal an der Tasse vorbeigezogen. Um dieses Heißgetränk für mich einigermaßen schmackhaft zu machen, gab ich ordentlich Zucker hinein – fatal! Den nachfolgenden Tag, also den ersten Januar, hätte ich direkt aus dem Kalender streichen können, denn der war für mich definitiv unbrauchbar! Dennoch tat der Teepunsch vorerst seine positive Wirkung: Er heizte ein und sorgte dafür, dass unsere Darbietung immer flüssiger und lockerer über die Bühnen ging, die wir noch vor uns hatten. Bühnen sind in diesem Fall die Wohnzimmer oder Küchen der Halligbewohner, die die Rummelpott-Läufer aufsuchen. Dort führt man sein Programm auf, schnackt noch ein bisschen, genießt (mehr) Futjes oder (weniger) Teepunsch und zieht dann weiter zum nächsten Haushalt. Das wiederholt sich so lange, bis entweder alle Haushalte abgelaufen sind, die man besuchen wollte, oder bis spätestens kurz nach Mitternacht. Wenn sich jemand bereit erklärt, die Verantwortung zu übernehmen, dann findet nämlich im »Uns Hallig Hus«, dem Gemeindehaus, eine große Party statt. Dort trudeln ab Mitternacht alle Gruppen ein, die mit einem Motto und dementsprechend verkleidet unterwegs waren. Hinzu kommen die Gäste, die noch Lust auf einen Silvesterhöhepunkt haben, und dann ist die Party auch schon im Gange. Alle Gruppen zeigen nacheinander noch einmal ihre Auftritte, die inzwischen nicht mehr allzu viel mit dem zu tun haben, was ursprünglich einstudiert wurde, aber trotzdem ist es für alle Beteiligten ein großer Spaß. Schließlich bekommt man nicht alle Tage auf einer Hallig die tanzenden Nonnen aus dem Film *Sister Act* oder die Blues Brothers zu Gesicht. Auch waren schon die Biene Maja mitsamt ihrem Himmelsvolk und Captain Sparrow und seine Bande in der Silvesternacht auf Hooge unterwegs, ebenso wie ein singender Taxistand und tanzende Kühe. Auch die Schlümpfe mit dem furchterregenden Gargamel gaben sich hier schon die Ehre.

In der letzten Silvesternacht stand ich mit Sabine und Torsten, sehr enge Freunde, die im Alten Land einen Bio-Apfelhof führen, pünktlich um Mitternacht auf der Warft, bei wunderbarer Sicht Richtung umliegende Halligen und Inseln, bis zum Festland.

»Hier fühlt man sich wie in der ersten Reihe«, sagte Sabine, die zum ersten Mal mit ihrem Partner zu Silvester auf Hooge war. Rundherum gingen fast lautlos Raketen hoch und zeigten uns »Bengalische Feuer« oder bunt schillernde Funken, die vom Himmel fielen. Das genoss vor allem ihre Hündin Kinah, denn Silvesterknaller sind für die meisten Hunde der reine Wahnsinn. In Gedanken suche ich mir jedes Jahr aufs Neue eine dieser Raketen aus, hänge ihr die negativen Erlebnisse aus dem abgelaufenen Jahr an und schicke sie gen Himmel beziehungsweise nach dem Aufkommen auf der Erde zum Teufel. Mal so, mal so, je nachdem wie schmerzhaft die Erlebnisse waren. Das ist mein ganz persönliches Silvesterritual und es tut mir gut! Loslassen und einen Abschluss vollziehen. Vorsätze mache ich normalerweise nicht. Im vergangenen Jahr besann ich mich allerdings auf das altbekannte Ritual, denn das vorausgegangene Jahr war kein gutes Jahr gewesen. Wünsche gingen nicht in Erfüllung, Freunde verschwanden aus meinem Leben, Projekte und Pläne lösten sich in Luft auf, es gab schlichtweg mehr Enttäuschung als Freude und das raubte Kraft, Mut und Energie. Ende des Jahres kam ich selbst zu dem Entschluss, dass ich so nicht weitermachen wollte. Misserfolge hin oder her, so machte das alles keinen Sinn, geschweige denn Spaß. Einer meiner Lieblingssprüche aus dem endlosen Fundus der Lebensweisheiten lautet: »Jeder ist seines Glückes Schmied.« Zumindest kann jeder eine ganze Menge selbst dazu beitragen, wie gut oder schlecht es ihm geht. Ich beschloss, wieder bewusst auf die Suche nach Glücksmomenten zu gehen, denn es liegt in erster Linie an einem selbst, bewusst heitere Gelassenheit an den Tag zu

legen. Das ist nicht immer einfach, aber es hilft. Es hilft, wieder
Mut zu fassen und Kraft zu sammeln, und Lachen ist die güns-
tigste und einfachste Energiequelle!

Eine halbe Stunde standen wir auf der Warft und beobachteten das Feuerwerk, jeder mit seinen ganz persönlichen
Gedanken und Wünschen. Kinah fand es besonders toll, dass
wir alle um sie herumstanden. Sie dachte wohl, dass wir nur ihr
zuliebe mitten in der Nacht noch einmal rausgegangen waren.
Wir zündeten ein paar Wunderkerzen an, ließen noch einmal
die Sektgläser auf das bevorstehende Jahr klingen und wech-
selten dann wieder in die warme Stube. Meine heimlich vorbereitete Überraschung musste ja schließlich auch noch ihren
Auftritt haben. Ich hatte eine Cappuccino-Torte gebacken – sie
war mir richtig gut gelungen. Der Haken war nur, dass wir alle
vom Raclette noch pappsatt waren. So stand die Torte in der
Mitte des Tisches, wir um diesen herum und keiner wusste
so genau, ob wir sie nun anschneiden sollten oder nicht. Wir
entschieden uns dazu, die abgebrannten Wunderkerzen, die in
der Torte steckten, auszutauschen, neue hineinzustecken, diese noch einmal abbrennen zu lassen und währenddessen ein
weiteres Mal auf das neue Jahr anzustoßen. Und schon war der
erste Glücksmoment für das neue Jahr greifbar: eine superle-
ckere Torte zum Nachmittagskaffee am ersten Januar mit lieben
Freunden.

## KAPITEL 23

# *Glaube, Liebe, Hoffnung*

»Nun bleiben Glaube, Hoffnung, Liebe, diese drei; aber die Liebe ist die größte unter ihnen.« Dieser wunderbare Spruch stammt aus dem Ersten Korinther. Glaube, Liebe, Hoffnung sind die drei Symbole, die an der friesischen Tracht zu finden sind, dargestellt durch Kreuz, Herz und Anker. Sowohl diese drei Symbole in dieser Einheit als auch der Spruch aus der Bibel sind mir vor meiner Zeit auf Hooge nicht begegnet. Innerhalb der letzten Jahre ist mir die Tiefe dieser Aussage erst bewusst geworden. Vor allem wenn ich rückblickend meine Zeit, mein Leben und auch die Veränderungen auf der Hallig betrachte.

Ich bin mit dem festen Glauben nach Hooge gekommen, dass ich mich hier mit mindestens drei Dingen intensiv befassen muss. Ich wollte Gelassenheit erlernen und wieder die Stimme meines Herzens hören und nicht immer nur die Stimme meines Kopfes beziehungsweise Verstandes. Außerdem wollte ich lernen, meinen eigenen »Mann« zu stehen. Es war mir immer wichtig, meine Aufgaben zu meistern, ohne von jemandem abhängig zu sein. Das hat sehr wohl etwas mit Emanzipation zu tun, aber es war und ist nie mein Ziel gewesen, ohne männliche Unterstützung oder gar Begleitung durch das Leben zu gehen. Allerdings war es klar, dass ich auf der Hallig selbstständiger und manchmal auch stärker sein muss als Frauen, die auf dem Festland leben. Zählten früher für Frauen eher untypische Hobbys wie Judo, Eishockey oder Motorradfahren zu meinen Leidenschaften, so ist es auch heute in meinem täglichen Leben so, dass ich mich mit Politik, Holzhacken und Renovierungsarbeiten auseinandersetze. Dinge, die Frauen oftmals gern den Männern überlassen. Ich gebe offen zu, dass ich vieles nicht gelernt hätte, manches heute nicht allein bewältigen könnte, wenn da nicht der ein oder andere Nachbar oder Freund, wie Jan es zum Beispiel ist, wären. Gerade er hat mir immer wieder gesagt, dass ich daran glauben soll, dass ich das alles schaffe. So habe ich vieles gelernt, was nie passiert wäre und ich auch nie erlebt hätte, wäre ich in München geblieben. Ich genieße es, mit dem Traktor über die Hallig fahren zu können. Holz spalte ich nicht nur mit dem Beil, sondern kürze es auch mit der Kappsäge. Die intensive Liebe zu Kühen, die nicht nur Milch- und Fleischlieferanten sind, sondern sensible, gesellige und wunderbare Tiere, hätte ich nie spüren können, hätte ich den Schritt nicht gewagt. Aber vor allem den Glauben an mich selbst konnte ich innerhalb meiner Zeit auf Hooge im wahrsten Sinne des Wortes mit Leben füllen.

Ich bin stark und selbstbewusster geworden. Nicht in allen Bereichen, aber zumindest so weit, dass ich auch die rauen Phasen in der nordfriesischen Halligwelt bestehe. Mit diesem Selbstbewusstsein macht man sich leider nicht nur Freunde. Irrwitzigerweise ecke ich mit meiner Haltung häufig bei Frauen an. Frauen reden zwar gern von Emanzipation, aber interessanterweise mögen sich emanzipierte oder einfach nur starke

Frauen nicht zwangsläufig. Diese Erfahrung habe ich auch auf Hooge gemacht und ich muss zugeben, dass es eine der schwierigsten für mich war. Frauen können einem mit wenigen Worten und noch unscheinbareren Gesten tiefe Wunden zufügen. In solchen Situationen erinnere ich mich besonders an meine Vorsätze: *Bleibe gelassen, stehe deinen »Mann« und höre auf dein Herz!* In die Praxis umgesetzt heißt das: Ich mache mein Ding und erfreue mich an meinem beruflichen Erfolg und an der Einzigartigkeit der Hallig. So raffe ich mich immer wieder auf, wenn ich eine persönliche Flaute habe. Der Erfolg meines Betriebes, die wunderbaren Gäste in meinem Haus, die vielen Briefe und E-Mails bestärken mich darin, dass das, was ich tue, das Richtige ist. Der Glaube, dass ich all das kann, was ich in den letzten 16 Jahren aufgebaut habe, ist gefestigt.

Oftmals zieht eine Frau der Liebe wegen zu einem Mann an einen anderen Ort. Bei mir war genau das Gegenteil der Fall: Ich zog ohne Mann an einen anderen Ort, um mich von der Liebe zu ihm zu lösen. Auch wenn es ursprünglich anders geplant war. Die Liebe zu einem Mann ließ ich in München zurück, aber die Liebe zur Hallig lag vor mir. Den Schritt, von München nach Hooge zu gehen, stellte ich mir zu Anfang anders vor, aber ich zog das Vorhaben trotzdem durch. Dann sogar mit der Motivation: Jetzt erst recht! Heute schüttle ich manchmal selbst den Kopf über diese Vorstellung – mit 25 Jahren aus München fortzugehen, um auf einer Hallig zu leben. Angezweifelt habe ich es öfter. Leicht war es auch nicht immer.

Ich erinnere mich noch gut daran, wie ein alter Hooger kurz nach meiner Ankunft auf der Hallig zu mir sagte: »Ich gebe dir sechs Jahre, dann bist du wieder weg.« Bis heute habe ich nicht wirklich verstanden, warum er mir das sagte. Wahrscheinlich glaubte er es, weil es häufig bei Zugezogenen so war. Nach rund sechs, sieben Jahren verließ manch einer wieder die Hallig, aus welchen Gründen auch immer. Mich verletzte das damals, denn es fühlte sich so an, als ob er mir meinen Schritt nicht zutrauen würde. Ich empfand es so, als ob er mich als schwache Frau sehen würde. Na gut, ich war Mitte zwanzig und kam aus München – es ist ihm nicht zu verübeln. Diese Begegnung ist mir bis heute nicht aus dem Kopf gegangen und ich denke oft daran, wenn wieder Menschen von der Hallig wegziehen, die es nicht geschafft haben. Das Halligleben. Die Hallig an sich.

Vor ein paar Jahren begleitete ich eine Weile ein Paar, das in einer Ehekrise steckte. Mal sprach ich mit ihr, mal mit ihm – beide wussten davon. Die beiden waren erst rund zwei Jahre auf Hooge, aber es war bereits das passiert, was ich in einem Kapitel schon einmal als Behauptung aufstellte: Die Hallig fasst einen an. Das kann sich auf unterschiedliche Weise bemerkbar machen. Manchmal inspirieren einen die Stille oder die Weite, manchmal hält man die Ruhe oder die Begrenztheit nicht aus. Manch einen beflügelt es, einen anderen engt es ein. Bei diesem Paar konnte ich früh beobachten, was das Halligleben mit ihnen machte, und das sagte ich ganz direkt. Sie öffnete sich, wurde sich ihrer selbst bewusst, mutiger und selbstständiger. Ihr Mann fühlte sich in seiner Kreativität beschnitten und hatte das Gefühl, zu viel aufgegeben zu haben, wie zum Beispiel seinen Beruf, den er liebte. Für ihn konnte die Hallig keinen Ausgleich schaffen, für sie bot die Hallig neue Chancen. Beides konnte ich sehr gut nachempfinden. Aus persönlicher Erfahrung kann ich nicht sagen, was das mit einem Paar macht, aber ich kann mir vorstellen, dass es sehr schwierig ist, das gemeinsam zu bewältigen. Beide Personen verändern sich, für beide verschieben sich die Perspektiven und vor allem die Werte, aber bei jedem mit einer anderen Auswirkung. Nebenbei ist rundherum alles neu. Der Job, die Nachbarn, die Freizeitgestaltung. Das war bei den beiden sehr viel auf einmal, um nicht zu sagen, zu viel. Ich denke, dass sie schlussendlich die richtige Entscheidung getroffen haben: Sie ist geblieben, er ist gegangen. So einfach, wie das klingt, war es natürlich nicht. Hätten sie es aber anders entschieden, wäre einer vermutlich unglücklich geworden und letztendlich beide.

So kann die Hallig einen recht schnell spüren lassen oder gar aufzeigen, was einem gefällt beziehungsweise was man leben möchte oder eben nicht. Sie zeigt einem auch, was man aushält. Darin lag vielleicht der Zweifel oder gar die Sorge des Mannes, als er mir damals sagte, dass ich nach sechs Jahren die Hallig wieder verlassen würde. Er glaubte wohl, dass ich die Hallig nicht aushalten würde oder vielleicht das Leben hier nicht lieben könnte. Da hat er sich getäuscht. Ich liebe mein Leben auf der Hallig und ich bin froh, dass ich das für mich allein und ganz unabhängig feststellen darf. Nur wenn man das Leben auf der Hallig für sich persönlich aushält und seinen Platz und seine Aufgaben gefunden hat, kann man es auch wirklich leben. Dann wahrscheinlich auch zu zweit. Vermute ich. Es ist ein schönes Gefühl, die Liebe zu dem Ort zu spüren, den man sein Zuhause nennt.

Blicke ich auf die 16 Jahre zurück, die ich hier inzwischen lebe, gibt es nicht nur die Erfahrungen mit dem Glauben und der Liebe, sondern auch mit der Hoffnung und nicht erfüllten Wünschen. Neben den Vorsätzen, die ich mir bei meinem Umzug auf die Hallig setzte, gab es auch einen Traum. Ich wollte langfristig meinen Betrieb vergrößern, um davon gut leben zu können. Ein kleines Café, insgesamt drei oder vier Ferienwohnungen, eventuell ein kleiner Wellnessbereich waren meine Vorstellungen. Während meiner Zusatzausbildung auf dem Festland lernte ich Hanne kennen. Sie besuchte mich auf Hooge und war sofort Feuer und Flamme, sowohl auf die Hallig bezogen als auch auf meinen Traum. Nach der Schule wollte sie mit ihrem damals einjährigen Sohn nach Hooge ziehen. Wir arbeiteten ein Konzept aus, von dem viele Menschen begeistert waren. Verantwortliche in der übergeordneten Verwaltung und natürlich auch Gäste wünschten sich damals ein solches Projekt für Hooge. Wir sprachen von Qualität, Nachhaltigkeit, Barrierefreiheit und von mindestens einem Ausbildungsplatz – alles zukunftsorientiert, alles auf die besondere Situation einer Halliggemeinschaft zugeschnitten. Trotzdem konnten wir die damaligen Vertreter in der Gemeinde leider nicht überzeugen. Sie verpachteten uns nicht das Haus, das für unser Projekt nötig gewesen wäre. Damals ein Haus, das zu zwei Dritteln unbewirtschaftet war.

Diese Entscheidung führte dazu, dass meine Freundin nicht nach Hooge zog und dass bis zum heutigen Tag kein vergleichbares Projekt ins Leben gerufen wurde. Zumindest nicht auf Hooge. Auf der Nachbarhallig Langeneß allerdings hat ein junges Ehepaar solch ein Konzept umgesetzt. Langeneß profitiert davon, es ist ein erfolgreicher Betrieb, er läuft genauso, wie wir uns das damals für uns ausrechneten. Ein Glücksfall für die Nachbarhallig. Hanne und ich gucken auch heute noch mit einem lachenden und einem weinenden Auge hinüber. Haben wir so doch die Bestätigung, dass unser Plan realistisch war, aber das ändert leider nichts daran, dass wir diese Chance nicht mehr bekamen. Meine Freundin blieb auf dem Festland, sie musste sich für einen anderen Weg entscheiden, denn es gab kein weiteres Gebäude, das für unser Projekt zur Verfügung stand. So blieb mir weiterhin nur die Hoffnung, zumindest meinen eigenen kleinen Betrieb irgendwann in einem Rahmen zu vergrößern, den ich hätte auch allein bewältigen können. Anbauen ist auf einer Hallig nicht so einfach möglich. Aufstocken ebenso wenig. Baugrundstücke gibt es selten. Ein zweites Haus kaufen ist leichter gesagt als getan. Die Lage, der Zustand, die Möglichkeiten, der Preis – vieles spielt eine Rolle.

Manchmal holen mich diese Sorgen, diese Enttäuschung ein und dann macht sich ein ungutes Gefühl breit. Fragen tun sich auf: Spielt Neid eine Rolle? Bin ich doch nur die Zugereiste? Wann ist man ein Hooger oder eine Hoogerin und gehöre ich dazu? Muss man auf der Hallig geboren sein, um diesen »Titel« tragen zu dürfen? Was macht das Halligleben für mich so besonders? Ausgerechnet in der Zeit, in der es mir besonders schwerfiel, solch eine Enttäuschung auszuhalten, konnte ich anfangen, die Fragen zu beantworten. Ich will den Titel »Hoogerin« gar nicht tragen. Ich möchte nicht in eine Schublade gesteckt werden, auf der »Hoogerin« steht. Diese Begrifflichkeit sagt nichts über einen Menschen aus. Daher beantworte ich die Frage, ob ich eine Hoogerin bin, mit einem deutlichen Nein. Ich bin eine Frau, die mit Leib und Seele auf Hooge lebt.

Die Frage, was die Besonderheit meines Halliglebens ausmacht, kann ich inzwischen auch beantworten. Es ist nicht nur die Einzigartigkeit, die die Halligen mitbringen. Es ist nicht nur das, was die Hallig mit einem macht. Eher ist es das, was mit einem selbst passiert, wenn man hier lebt. Das, was man über sich lernt, und das, was man zu akzeptieren bereit ist, denn ändern kann man niemanden – man kann nur sein eigenes Verhalten ändern. Auf einer Hallig muss man einen Weg finden, miteinander auszukommen. Es muss nicht intensiv sein. Auch oberflächliche Bekanntschaften können Freude bereiten. Auf dem Festland sucht man sich gern einen einfacheren Weg, um einer schwierigen Situation aus dem Weg zu gehen. Das funktioniert auf einer Hallig selten bis gar nicht. Ich muss mich hier mit Toleranz, Respekt und auch mit Darüberstehen auseinandersetzen. Werte, die mir persönlich sowieso wichtig sind.

Es dauerte ein paar Jahre, bis mir das so richtig deutlich geworden ist und ich es auch verinnerlicht habe. Lebenserfahrung nennt man das wohl. Eine Erfahrung, die manchmal an eine Lektion in der Schule erinnert. Und genauso ist es: Das Leben ist die beste Schule. Auf einer Hallig handelt es sich somit um einen Intensivkurs. Zumindest in meinen Augen. Lebenserfahrung bewusst sammeln ist eine schöne Erfahrung. Man sagt mir nach, einen hohen Anspruch zu haben, der mir manchmal im Weg stünde. Auch sagt man mir einen ausgeprägten Gerechtigkeitssinn nach, der manchmal nerven würde. Immer will ich beide Seiten im Auge behalten, stets achte ich auf die Gefühle anderer und auf Details. Wenn ich mich dazu entscheide, einen anderen Menschen zu ignorieren, dann kann das nur dazu kommen, weil mich diese Person so tief verletzt, enttäuscht oder verärgert hat oder alles drei, dass ich irgendwann nicht mehr auf beide Seiten achten möchte und mich Details auch nicht mehr interessieren. Wenn sich meine Herzstimme meldet und sagt: *Jetzt musst du auf dich selbst aufpassen,* dann passiert es, dass sogar ich mich auf dieser kleinen Hallig für den leichteren Weg entscheide und weggucke oder durch jemanden hindurchsehe. In der gleichen Situation auf dem Festland hätte ich mich vermutlich schon viel früher dafür entschieden, ohne lange darüber nachzudenken. Einfach aus Trotz oder des Prinzips wegen. Und schon ist mir der Unterschied zwischen dem Festland und der Hallig mehr als deutlich: Ich setzte mich intensiver mit meinen Entscheidungen auseinander und ich entscheide mich bewusster.

Entscheidungen treffen, an Hoffnungen festhalten. Ersteres ist nicht meine große Stärke, das Zweite klingt leichter, als es ist. Glaube, Liebe, Hoffnung – ein Dreiklang, dem ich während meines Lebens auf der Hallig immer wieder begegne. Den Glauben an mich habe ich gefunden. Die Liebe zu diesem Eiland verankert. Die Hoffnung, dass ich auch in Zukunft hier leben kann, gibt es.

Und dann ist da noch die Sache mit den Wünschen. Tatsächlich gibt es drei Dinge, die mir auf dem Herzen liegen und die ich immer wieder mal an das Universum richte. Hätte ich drei Wünsche frei, wären es folgende: Der Ostwind im Winter – gern soll er weiterhin schönes Winterwetter und auch Wintertemperaturen mit sich bringen, aber er möge doch bitte aus den Häusern bleiben. Ich wünschte mir, dass der Ostwind einem nicht mehr die Energie aus Haus und Körper zieht. Mein zweiter Wunsch wäre an die Gesellschaft und die Politik gleichermaßen gerichtet. Die Aufwertung der gesellschaftlichen Werte wie Respekt und Loyalität gegenüber Andersdenkenden, aber auch Mut und Offenheit für Richtigstellungen, für Wahrheit und Klarheit. Jeder Einzelne könnte mit wenig Aufwand zu einem guten Miteinander beitragen.

Mein dritter Wunsch könnte auf den ersten Blick der einfachste sein. Ich möchte ohne Angst und Sorge vom Tourismus leben können, sodass ich mir mein aufgebautes Heim weiterhin leisten kann.

Häufig werde ich gefragt, ob ich es jemals bereut habe, nach Hooge zu gehen. »Nein«, sage ich dann, »bereut habe ich es nie!« Natürlich bringt das Leben auf Hooge nicht nur

Entschleunigung, Trachtenfeste, Deichspaziergänge und schöne Sonnenuntergänge in einer schier endlosen Weite mit sich. Nach jeder Ebbe kommt die Flut, nach jeder Flaute kommt der Wind und manchmal eben auch ein Sturm. Manchmal hinterfrage ich meine Entscheidung und überlege, ob das Leben hier für mich auch heute noch das Richtige ist. Das machen allerdings Menschen auf dem Festland ebenso. Auch ist meine Hoffnung, irgendwann hier wirklich leben zu können, leben im Sinne der finanziellen Möglichkeiten, in den letzten Jahren eher geschrumpft als gewachsen. Trotzdem bereue ich meinen Schritt nicht. Das Leben auf der Hallig hat mich ganz gewiss mehr geformt und gelehrt, als mich das Leben in München jemals hätte lehren können. Hätte ich die Wahl, mit meinem heutigen Wissen noch einmal zu entscheiden, würde ich den Umzug wieder wagen. Allerdings würde ich gleich in den ersten Jahren mehr Zeit in meine Ausbildung beziehungsweise Umschulung investieren und nicht auf potenzielle Kooperationen hoffen. Ich würde mich mehr auf meinen Betrieb, auf meinen eigenen Weg konzentrieren. Ja, das würde ich definitiv anders machen. Und auch ein paar Kleinigkeiten, die ich damals mit 25, oder auch mit dreißig, zu leichtsinnig oder kurzsichtig entschied. Wenn ich mich von Anfang an nur auf meinen Betrieb konzentriert hätte, würde ich heute auf einem sicheren Sockel stehen und könnte auch in dieser Beziehung gelassener in die Zukunft blicken. Dann hätte ich vermutlich mein gemütliches Café, einen kleinen Wellnessbereich und drei oder vier Ferienwohnungen und somit meine existenzielle Sicherheit. Vielleicht – man weiß es nicht. Genauso wenig wie man weiß, was noch alles kommen wird.

Glaube – Liebe – Hoffnung

## Die letzte Seite – der Dank

Wahre Freunde erkennt man vor allem in Situationen, in denen es einem nicht gut geht. Oder dann, wenn plötzlich tausend Kilometer oder mehr zwischen einem liegen. Freunde gehen mit einem durch dick und dünn, sie verstehen einen auch ohne Worte. War die Sendepause lang, macht man bei einem Wiedersehen einfach dort weiter, wo das letzte Mal aufgehört wurde. Ich bin in der glücklichen Situation, behaupten zu dürfen, dass ich viele wahre Freunde habe. Ein unbezahlbares Geschenk. Ich weiß es zu schätzen, wenn Freundschaften seit ein paar Jahren, zwanzig Jahren oder sogar vierzig Jahren bestehen. Es geht nicht ausschließlich um das, was miteinander erlebt wird, sondern vielmehr um das Gefühl, das diese Menschen einem vermitteln. Ich kann auf dieser letzten Seite nicht alle Freunde nennen und von ihnen berichten. Manch einer wird in einem Kapitel genannt, ein anderer findet sich zwischen den Zeilen. Aber so oder so, alle sind in meinem Herzen. Vor allem seit ich auf der kleinen Hallig mitten in der Nordsee wohne.

Erwähnen möchte ich aber in diesem Fall die Personen, die mich während der Zeit, in der ich an diesem Buch geschrieben habe, unterstützten. Neben meiner Mutter, deren Geduld ich vor allem bei den besonders »harten Nüssen« ausgereizt habe. Diese Phase fiel in eine für mich außergewöhnliche Zeit. Nicht immer nur von Leichtigkeit getragen. Aber immer von meinen Freunden.

Birgit und Mathias W. – aus Gästen wurden Freunde, aus Freunden wird Familie. Sie geben mir ein Zuhause, besonders in emotionalen Zeiten. Danke für eure Herzlichkeit!

Gerhard W. – er gibt seinen Geschichten eine Seele. Danke für dein Bauchgefühl, deine Geduld und deine intensive Beratung!

Jan D. M. – er gehört zu meinem Leben auf Hooge dazu wie das rote Auto zur Feuerwehr. Er ist Freund, Ausbilder, Besänftiger und manchmal auch der Prellbock! Danke, dass du mich aushältst!

Jürg K. – er fordert immer wieder meine Geduld für seine Geschichten heraus, aber für meine eigene habe ich dadurch unbeschreiblich viel gelernt. Danke, »Lieblingschef«!

Manfred D. – er steht für Qualität und Professionalität. Der perfekte Ratgeber. Unsere Verbindung ist aber eine andere: das Gefühl der gemeinsamen Freiheit. Danke für unvergessliche Momente!

Die Mädels von Eden Books – Frauenpower, die ansteckend und lehrreich ist! Danke für euer Vertrauen in mich und meine Geschichte! Danke, Nina, danke, Tanja, danke, Marion, danke, Susanne!

»Ohne Freunde ist unser Leben kein richtiges Leben.« (Dante Alighieri)

Zwei dicke Freundinnen, Katja und ihre Schmusi

# Impressum

Katja Just
Barfuß auf dem Sommerdeich
Mein Halligleben zwischen Ebbe und Flut
ISBN: 978-3-95910-117-2

Eden Books
Ein Verlag der Edel Germany GmbH
Copyright © 2017 Edel Germany GmbH, Neumühlen 17, 22763 Hamburg
www.edenbooks.de | www.facebook.com/EdenBooksBerlin | www.edel.com
5. Auflage 2017

Einige der Personen im Text sind aus Gründen des Persönlichkeitsschutzes anonymisiert.

Projektkoordination: Nina Schumacher
Lektorat: Susanne Röltgen
Umschlaggestaltung: Johanna Höflich | www.edenundhoeflich.de
Layout und Satz: Datagrafix GmbH | www.datagrafix.com
Druck und Bindung: optimal media GmbH, Glienholzweg 7, 17207 Röbel/
Müritz

**Bildnachweis:**
Alle Fotos: © privat Katja Just, bis auf S. 83: © Jürgen Vrinssen gruenPrint

Das FSC®-zertifizierte Papier *Holmen Book Cream* für dieses Buch lieferte Holmen Paper, Hallstavik, Schweden.

Printed in Germany

Dieses Buch ist auch als E-Book erhältlich.

Um die kulturelle Vielfalt zu erhalten, gibt es in Deutschland und in Österreich die gesetzliche Buchpreisbindung. Für Sie, liebe Leserin und lieber Leser, bedeutet das, dass Ihr verlagsneues Buch jeweils überall dasselbe kostet, egal, ob Sie Ihre Bücher gern im Internet, in einer großen Buchhandlung oder beim kleinen Buchhändler um die Ecke kaufen.